육군본부 직할 결사대
6·25 참전 **70**주년을 맞아

= 참전 전우 일지 =
<이만오천삼백육십구일간>

편저 : 金 仁 植

육군본부 직할 결사대 전우회
(백골병단)

<주> 건설연구사 발행대행

펴내면서

육군본부직할결사대 (통상명칭 백골병단)는 1950년 10월 중공군의 대거 참전으로 재차 수도 서울이 놈들에게 빼앗기는 누란의 위기에서 나라를 구하기 위해 애국 청·장년이 육군정보학교에 입교하여 적기가(赤旗歌)를 소리높이 부르며 행군하는 등 특수교육을 이수하고, 3주간의 교육을 마친 800여명이 1951. 1. 25 임시장교 124명을 국방부장관 명의로 임관하고, 병(부사관)은 G군번과 병장 이상 중사까지 보임하면서 1951. 1. 30 결사 11연대 363명, 1951. 2. 7 결사 12연대 330명, 2. 14 결사 13연대 124명이 적후방에 각 침투하여 작전 중 특공을 세운 그들이 1951. 3. 30 육군 제7사단 수색대와 접선 개선할 때까지의 기록을 일지 형식으로 시간대로 백골병단 작전참모 육군대위, (소령) 전인식이 정리한 것과 1961년 이후 참전 전우회 회장으로 재임하면서 계속 정리한 것을 모두 엮은 역사 기록물로서 편저자의 저서 39번째 마지막 작품으로 150부를 발행한 후 추가 정리한 것입니다.

이 기록에는 많은 참전전우의 실명과 존영이 수록되어 있는데, 본인의 양해를 구하지 못한 점 너그러이 관용해 주심을 바라며, 참전전우 중 유명을 달리하신 전우님의 영생을 기원드리며, 추모의 예를 표합니다.

이제 나머지 전우는 모두 10여 명 중 6월 현충행사에 참석할 전우는 겨우 4~5명에 불과하여 참전 전우회의 간판도, 이사람의 회장 감투도, 2020. 10. 28 자진 사퇴했으나 받아들여지지 않아 연임하는 처지에 이르게 된 서글픈 심정입니다.

참전전우 모두의 건강과 가족의 강녕을 거듭 빕니다.

2021. 1. 25

지은이 : 전인식 (예)육군대위·소령

= 차 례 =

1부_6·25 사변

1945년 ·················· 011
  8·15 광복
1948년 ·················· 011
1949년 ·················· 012
1950년 ·················· 012
  6·25 발발
1950년 11월 27일 ········ 015
  압록강 연안까지 북진
1950년 12월 21일 ········ 016
  국민총동원령 공포
1951년 ·················· 017
1951년 1월 4일 ·········· 017
  결사대 요원 1, 2차 선발 710여명
1951년 1월 25일 ········· 018
  3주간의 특수교육 후, 장교 124명 임관
1951년 1월 30일 ········· 018
  결사 제11연대 적 후방으로 침투
1951년 2월 7일 ·········· 019
  결사 제12연대 적 후방으로 침투
1951년 2월 14일 ········· 020
  결사 제13연대 적 후방으로 진출
1951년 2월 20일 ········· 021
  백골병단으로 통합

1951년 2월 27일 ········· 022
  구룡령 차단. 69여단 괴멸기여
  적 69여단 1급 기밀서류 탈취
1951년 3월 18일 ········· 024
  적 빨치산 인민군중장 등 13명 생포
1951년 3월 24일 ········· 025
  설악산 소청봉에서 적의 피습
1951년 3월 30일 ········· 027
  백골병단 인제군 기린면 지내로 개선
1951년 4월 15일 ········· 029
  미8군으로 예속 변경
  아군의 종합전과
1951년 6월 6일 ·········· 031
  원산남방두백리상륙
1951년 8월 ·············· 032
  전인식 가짜 소령 피의 옥고
1952년 ·················· 033
1953년 ·················· 033
1954년 ·················· 034
1955년 ·················· 034
1957년 ·················· 034
1958~1961년 ············· 034

2부_명예회복

1961년 ················ 037
　참전전우회 발기
1962년 ················ 037
1965년 ················ 038
1965년 9월 29일 ········ 038
　설악동지회로 재발촉
1970년 ················ 038
1970년 2월 13일 ········ 039
　전인식 소령으로 확인
1975년 ················ 039
1977년 ················ 039
1980년 ················ 039
1981년 ················ 040
1981년 5월 6일 ········· 040
　나와 6·25 참전수기 발행
1983년 ················ 041
1985년 ················ 041
1986년 ················ 041
1986년 6월 25일 ········ 042
　못다핀 젊은 꽃 3판
1987년 ················ 044
1987년 3월 7~14, 21일 ·· 044
　영화 3부작 방영 KBS, MBC
1987년 12월 20일 ······· 045
1988년 ················ 046
1988년 8월 2일 ········· 048
　채장군과 협의
1989년 ················ 053

1989년 7월 11일 ········ 059
　박달령의 침묵 영화 촬영
1989년 7월 29일 ········ 059
　현규정 대위 등 대전 안장 결정
1990년 ················ 061
1990년 11월 9일 ········ 076
　백골병단 전적비 건립, 제막
1991년 ················ 078
1992년 ················ 081
1993년 ················ 085
1994년 ················ 090
1995년 ················ 091
1996년 ················ 093
1997년 ················ 094
1988년 ················ 096
1999년 ················ 098
2000년 ················ 102
2001년 ················ 106
2001년 1월 30일 ········ 107
　채명신 등 21명 훈장 상신
2001년 9월 26일 ········ 110
　육군총장 전인식 등 훈장 상신
2002년 ················ 110
2003년 ················ 114
2003년 6월 5일 ········· 118
　무명용사 303인 외 추모비 건립
2004년 ················ 122
2004년 3월 2일 ········· 124
　우리들 관련법 "법률 7,200호 공포"

3부_명예선양

2004년 3월 22일 ·········· 129
  우리들 관련법 공포
2004년 7월 22일 ·········· 131
  전우회 명칭 변경
2004년 11월 15일 ········· 133
  6·25 관련 특별법 시행령 공포
2004년 11월 29~30일 ······ 139
  격전지 320 km 탐방
2005년 ···················· 135
2006년 ···················· 144
2006년 6월 5일 ············ 148
  살신성인 충용비 건립
2006년 8월 14일 ··········· 149
  새군번과 계급 현황
2006년 9월 19일 ··········· 150
  용대백골장학회비 건립
2007년 ···················· 151
2007년 4월 29일~5월 3일 ·· 152
  중국동북지방 백두산 관광
2008년 ···················· 154
2008년 6월 5일 ············ 157
  참전개선 57주년 행사
2009년 ···················· 163
2009년 12월 30일 ·········· 167
  전인식 육군본부 대강당에서 안보강연하다
2010년 ···················· 167

4부_영광의 전역

2010년 6월 25일 ·········· 173
  계룡대 연병장에서 59년만에 전역식
2011년 ···················· 177
2011년 4월 7일 ············ 178
  전쟁기념관 동측 추모비에 헌각
2011년 6월 25일 ·········· 180
  파주 6·25 기념비에 각자
2011년 11월 11일 ·········· 183
  전적비 보호 방어벽 준공
2012년 ···················· 185

5부_빛나는 무공훈장

2012년 6월 25일 ·········· 189
전인식 소령 등 11명 무공훈장 수여
2013년 ················· 193
2014년 ················· 196
2015년 ················· 201
2016년 ················· 204
2017년 ················· 212
2018년 ················· 217
2018년 6월 5일 ··········· 221
백골병단 역사전시관 개관
2019년 ················· 225
2019년 9월 20일 ·········· 230
백골병단과 나의 90년 인생 저술
2020년 ················· 234
2020년 3월 20일 ·········· 236
코로나 대비 250만원 성금 보냄
2020년 6월 20일 ·········· 241
서훈 추가자 7인 확정
2021년 ················· 253

부록 1 ················· 257
6.25전쟁 중 백골병단이 탄생하게 된
배경 ················· 258
6.25당시 민간 항전 ········ 258
육군정보학교에서 ········· 259
임시장교의 임관 ·········· 260
백골병단의 적후방에서 ····· 260
적후방에서 인민군 중장 생포 ·· 262
설악·박달재의 슬픔 ········ 263
백골병단 장병들의 그 후 ···· 263
백골병단 전적비 ·········· 264
백골병단 참전전우회의 활동 ·· 265
나와 백골병단 ············ 267
전쟁과 교훈 ············· 267
우리들의 바램 ············ 268
마지막으로 ·············· 270

부록 2_참전전우 명단 및
     찬조금 누계 ······ 271

부록 3_화보 ············ 287

1부

6·25 사변

1945년~1961년까지
전쟁을 겪으며

육군본부 직할 결사대(백골병단) 전우회 일지
(1945년~2021년)

1945년

1945. 8. 15
연합국에 의해 일본제국이 패망하고 대한민국은 일제로부터 해방되다.

1945. 8. 18
해방된지 사흘간은 시골이라 해방된 사실을 알지 못했다. 파주 탄현 오금리 산(山)신선두(神仙頭)에서는 "대한독립 만세"를 온 부락민이 3일간 계속했다.

1945. 9. 19
원산항으로 김성주(김일성)(소련군대위)일당이 귀국 했다고 알려졌다.

1948년

1948. 4. 3
제주도에서는 좌익 남로당계열의 책동으로 자유총선거를 방해할 목적으로 국군 14연대를 주동으로 반란을 일으킴

1948. 5. 10
조선은 38°도선을 중심으로 남과 북이 인구비례에 의한 자유총선거 실시를 국제연합(UN)이 결의하였음

1948. 8. 15

해방 후 첫번째 자유·평화적인 총선거 결과 200명의 대의원 중 198명(제주도 2명은 총선거 불가로 제외)이 **대한민국 건국을 선포함**

1949년

1949. 9. 초

전인식, 정치대학(현 건국대학교) 정경학부 입학

1949. 10. 1

중공의 모택동과 김일성이 협의하여 팔로군 3만6천여명(2개 전투사단)을 의용군으로 가장해 북괴군에 편입하여 남침에 대비한 훈련을 강화함

1950년

1950. 4.

김일성, 소련 스탈린 수상을 찾아가 남침 승인을 받고 T34탱크 400여대(그중 240여대가 직접 6.25 남침에 참전함) 및 각종 총포·무기를 지원받음

1950. 5. 13

중공의 모택동으로부터도 남침의 승인을 확정받음

1950. 6. 18

북괴, 남침준비 중인 인민군? 전 병력을 최전방(38°선)에 실전배치 완료함

1950. 6. 24(토)

육군본부에서는 남침을 대비하지 않고, 오히려 전 병력에

게 특별 외출을 주어 부대를 떠나게 하였고, 육군본부 면회실의 준공 축하 파티(춤파티)를 고급장성이 모두 모여 밤새워 열었다고함
따라서 38°도선의 경계병력도 많은 외출·외박으로 경계가 허술했다고 함

6·25 발발

1950. 6. 25
04시 북괴군의 6.25 기습 남침, 한국 동란(전쟁) 발발
(전인식, 대학 2년생 휴학중)

1950. 6. 28
수도 서울 피점(북괴군 침략)
전인식, 서울 탈출 고향으로 피난함

1950. 7. 7
국군 통수권자인 이승만 대통령이 작전지휘권을 UN군 총사령관에게 이양하겠다는 내용을 UN군 총사령관에게 전달 …

1950. 7. 14
국군의 작전 지휘권을 유엔군 총사령관(맥아더원수)이 이양 받겠다고 결정함

1950. 7. 16
전인식, 공산치하 고향에서 탄현지구 반공 결사대원으로 칼빈 소총으로 무장하고, 반공 지하활동을 개시 함

(**탄현반공결사대** 대장 : 김용대, 부대장 최명득(광복군 출신), 김남규, 손병호, 김인경, 전인식, 오세경, 이봉우 등 10여명)

1950. 9. 15

유엔군 인천상륙작전 개시(UN군사령관 맥아더원수 지휘), 수도 서울로 진격

1950. 9. 16

낙동강 최후방어선에서 UN군 일제히 반격작전 개시, 북괴군 16만여명이 북괴전선사령관 김책(金策)의 명령으로 빨치산으로 변신, 경남북, 전남북 지방의 산악에서 식량 약탈, 애국인사 학살 등 만행 자행

1950. 9. 28

수도 서울 탈환(收復) 중앙청에 태극기를 ……

1950. 10. 1

1950. 10초 맥아더 사령관이 김일성에게 항복하라는 통첩전문을 보냈으나 이에 김일성이 불응하자 UN군 38선을 넘어 북진하게 된다.

이에 아군은 서부전선에서 국군 1사단과 동부전선에서는 아군 3사단과 수도사단이 38도선을 돌파 북진 개시

1950. 10. 5

전인식, 학도의용대 파주 탄현지구 대장으로 활동 (대원 : 대학·중고학생 120여 명) 전인식이 임진강변에서 적으로부터 노획한 소총 20여 정으로 전투훈련 등을 실시했음

1950. 10. 19

13시경 국군 1사단과 3사단 적도 평양 입성. (김일성 대학 · 방송국 장악)

1950. 10. 19~26

중공군 6개 군 18개 사단(40여만 명) 몰래 압록강과 두만강을 건너와 평안북도와 함경도의 산악에 숨어 공격 준비

1950. 10. 25

채명신 소령, 8사단 21연대 1대대장으로 평북 영원북방까지 진격중 중공군에 포위되어 분산, 1개 중대 병력에서 1개 소대 병력이 남고 해주 도착은 3명 → 강화 도착 2명 → 당진 석문 육본 2명(1950. 12.11 육군본부에 귀임했다 함)

1950. 10. 26

14시 국군 6사단이 압록강연안 초산까지 진격
여기서 압록강물을 수통에 담아 이승만 대통령께 드리려고 했음

1950. 10. 30

이승만 대통령은 군부의 위험 주의에도 불구하고 평양탈환 환영대회에 참석하여 10여분간 연설하였다고 한다.

1950. 11. 27

서울에서 서울 환도 및 평양 탈환 경축기념대회를 개최하였으며 아군은 압록강 연안까지 북진했을 때, **중공군 9개 군으로 증강된 60여만명이 인해전술을** 감행. 준비

1950. 11. 30

전인식, 미 25 사단 수색대의 현지 협조자로 간첩 색출 활동에 참여

1950. 12. 2

전 전선에서 유엔군 후퇴 준비, 1.4 후퇴의 개시인듯 (미 8군사령관의 철수 명령하달)

1950. 12. 5

아군은 평양을 포기하고 후퇴를 개시하다.

1950. 12. 10

채명신 소령, 강화 경유 충남 당진 석문항으로 귀환 (상사 1인 대동)

1950. 12. 21

국민방위군설치법 공포, **국민총동원령**(만17세 이상 40세까지) 발령

국민방위군에 편성된 장정 수만 명이 아사하는 사건으로 사령관 문책과 해산하는 사고 생김(1951. 5. 12 국민방위군 설치 법률 폐지)

<정부당국의 명령에 따라> 1951. 1. 2. 전국에서 의용경찰(북한지역의 치안을 담당할 경찰), 애국청년·학생, **대구 육군보충대에 집결** (1950. 12. 31까지) 집결 병력 6,000~7,000 여명

1950. 12. 24

임진강에 피난민이 밀려 내려옴(1.4 후퇴 개시된 듯)

1950. 12. 27

봉일천으로 일단 후퇴(미25사단과 함께 후퇴)

1950. 12. 29

영등포를 향해 구본승 선배와 김인경과 함께 도보로 이동

1950. 12. 30

화물열차의 지붕위에 올라타고 남행 열차에 편승
(12. 31 대구 도착)

1951년도

1951. 1. 3

육군 보충대에 대기중인 자 6,000~7,000여명 중에서 결사대원 약 800여명 모병, (육군정보학교 특수반?), 입대

1951. 1. 4

결사대 요원 **1차 선발 710 여명. 육군정보학교**(제 7 훈련소)에서 유격전 교육 개시

북괴군가를 합창하는 등 …… 특수교육 실시

1951. 1. 10

중공군 수원 지구까지 진출. 정보학교에서 3주간의 교육 실시, 실탄사격 없음 ×, 각개전투훈련 ×, 정신교육을 주로 실시 (51.1.4~1.24)

1951. 1. 16

1차로 결사대를 2개연대로 편성(**결사 제11연대** 349명

(정보학교 자료에서), 12연대 361명) (유엔군사령부나 미8군 작전국에 처음으로 지구전과(유격전부대)가 창설되었다함)

1951. 1. 18

채명신 소령 정보학교에 오다 (인사기록에는 1950. 12. 11부터 1951. 5. 13까지 유격대 대장으로 복무한것으로 기록되어 있음(1950. 10. 26~12. 10까지 영원(8사단 평북 영원지구)-해주-강화-석문-대구 복귀)

1951. 1. 21

결사 제 13연대 요원 110여명과 결사 제15연대 요원 포함 350여명 **정보학교에 추가 입교**하여 13연대 참전자는 12연대에서 전출된 31명을 합하여 124명으로 편성 ?

1951. 1. 25

전인식, 국방부장관으로부터 임시육군대위로 임관!!
결사대 요원중 전인식 임시대위 임관 등 1차 124명 임관. 부사관·병 586명 군번·계급 부여하고 배치(소령 2, 대위 14, 중위 36, 소위 72명) 중 11연대에 소령 1, 대위 7, 중위 18, 소위 36명을 편성

1951. 1. 30

적진 후방으로 작전 출동!!
결사 제11연대 349명 외 연대장 1명, 보좌관 9명, 통신병 4명 등 363명 적진 **후방으로 출동**(강원도 영월군 영월읍 북방으로 22시 적진 후방으로 출동) 여기서 비상식량 2주일 분 3봉지, 실탄, 수류탄, 적의 화폐(2팩) 등 보급

1951. 2. 5
결사 제12연대 51. 2. 4 정보학교수료 후 330명 대구에서 차량으로 출동 (강원도 명주군 강동면으로) 361명 중 장교 19인과 사병 12인 등 31명을 13연대로 전출

1951. 2. 7
결사 제12연대 최전방에서, 육·해·공군 총 참모장 정일권(소장) 장군과 1군단장 김백일 장군, 수도사단장 송요찬 장군 등 고위 장성과 미정보고문관 하우스만 중령 등의 사열과 훈시를 받고, 당일 330명 강릉 서북방 적진 후방으로 출동
당시의 기록사진을 당시 정보담당관 이극성 중령(준장예편)으로부터 입수하여 전쟁기념관에 전시 중(현재)

1951. 2. 8
채 중령, 적 후방 침투작전 중 전인식 등 4인이 아군 제 9사단 전방지휘소(OP) (정선군 정선읍 행매동) 방문(최호 중령?), 정보수집 후 채 중령 육군본부와 EE8 전화기로 전화한 뒤 원응학 보좌관을 육군본부에 출장 보내고 숙영지로 복귀함

1951. 2. 10
초도작전 성공!!
제11연대 평창군 하진부리 동남방에 진출 (전인식 대위 지휘 3대대 병력을 동원하여, 권영철(權寧哲) 중위, 최인태(崔仁泰) 소위 등이 적 연락병 등 34명 생포) 불심검문 후 생포하는 작전! 초도작전을 지휘한 전인식 대위는 고향에서 반공 활동의 경험을 살려 감행하고 이작전에서 전과는 권영철 중위, 최인태 소위 등의 위훈

1951. 2. 12

결사 제11연대 대관령을 넘어 보광리로 진입 (적 생포 3, 사살 5명 외 전과) 오봉탁(吳鳳鐸) 분대장 외 원길상, 임동욱 하사 등의 수훈

1951. 2. 13

결사 제11연대 사기막리 진입. 보급 확충 및 교육 (농우 도살 3 등 비상식량을 충분히 확보)

1951. 2. 13

결사 제12연대 횡계지구에서 수색 정찰중 초도 교전 (피해 전사 3인, 적 사살 11)
송세용(宋世鏞) 중사(조장), 이익재 분대장, 안병희 하사 등 수훈

1951. 2. 13

결사 제13연대 51. 2. 12 정보학교 교육수료 후 출동 부산항 제 4부두에서 풍랑으로 대기 후 LST로 출동, 2. 15 묵호항 도착 (대관령 7부 능선까지는 차량편으로 이동, 원응학 보좌관 부산에서 동행)

1951. 2. 14

결사 제12연대 횡계지구에서 아공군의 오폭과 적 2군단 주력 및 아군 3사단 ?(일선에는 9사단이라 함)의 공격을 받아 병력 일부 분산 낙오 170여명 발생

1951. 2. 15

결사 제12연대 평창군 도암 속사방면으로 진출 (적병 생포 3인) (1명 아군 기갑연대에 인계), 수훈자 이상 박용

주 등 51년 당시의 전투정보 보고서의 기록 있음
결사 제13연대 묵호항 도착 대관령 경유 횡계 방면으로 진출 했다함

1951. 2. 17
결사 제11연대 서북진(강원도 명주군 연곡면 퇴곡리로 진출) (아군수도사단 제1연대가 사기막리 남방까지 진출했음)

1951. 2. 17~20
결사 제11연대. 퇴곡리에서 병력 장비 보강·교육 및 재편성
참모장겸 1대대장 (이태윤 대위) 등 5명 보직 해임, 교체

1951. 2. 18
결사 제12연대 황병산에서 어성전 방면으로 진출 중 퇴곡리에서 결사제11연대와 조우·합류 (160 여명)

1951. 2. 19
결사 제13연대 횡계에서 월정사 입구 경유, 송천 광산촌 도착, 삼산리 → 퇴곡리로 진출 (124 명) 원응학 보좌관 대구 출장에서 13연대 병력과 함께 귀임

1951. 2. 20
백골병단으로 3개 연대 통합 (강원도 명주군 연곡면 퇴곡리에서)
출동병력 : 11R = 363명, 12R 330명, 13R = 124명
계 817명 중 12R 낙오·분산 170 제외
[통합병력] : 11R = 363명, 12R 160명, 13R = 124명 계 647 명

대위 이태윤, 김원배, 소위 오석현 등 5인의 해임과 윤철섭 진급, 현규정 대위보직 수색대장 이상 → 소위 김흥복, 이상 →소위 연락장교 이명우 등 보임

1951. 2. 21~22
퇴곡리에서 지원 민간인 교육 (청장년 11인, 여대원 4인 계 15인 지원 충원 함)

1951. 2. 23
백골병단 3개연대 중부 내륙 적 후방으로 서북진 출동

1951. 2. 24
신배령 넘어 무명 부락 화전 지대로 진격 · 휴식 중 09시경 (아공군기의 오폭으로 희생 6명 발생) (권욱상 병장 전사)
※ 1988. 8에 이르러 권욱상 병장 계급으로 전사확인을 받음

1951. 2. 27
구룡령 차단. 북괴 정치군관 대위 등 4인 생포 69여단의 전투상보를 노획하여 아군에게 전달 69여단 궤멸에 기여
전인식 대위 지휘(정치군관 총위 등 4인 생포 외 57명 생포) (<u>권태종 소위</u> 적병생포 수훈)

1951. 2. 28
적 69여단의 기밀문서 및 전투상보 일체를 강두성, 장인홍 등으로 하여금 아군지역으로, 수도사단 경유 속보하여, 적 69여단 궤멸에 기여함

1951. 3. 1

지방 공산당 분자로 북쪽으로 퇴각 · 은거중인 자들이 아군을 북괴군으로 착각 · 오인하고 북한군을 환영하는 듯 **인공국 만세**를 외친 9명의 처치, 적병 5명 생포

1951. 3. 3

광원리 방면의 적 3 군단 지휘소 입구 습격(채중령(국군 복장) · 윤창규 대위 지휘). 적 군단에 이르는 초소 2개 파괴, 적 20여명 사살. 통신선 수거 · 파괴 등 나명집 중위 등 활약

1951. 3. 10

갈천리 방면으로 북진 (아군기의 오폭받음(두번째) 희생 5명 발생)

갈천리에서 적 포술군관(상위)등 3명 생포 (이운하 하사 보초 근무 중 수훈)

1951. 3. 11

재편성을 위해 이동하는 적병 53명(50명은 비무장으로 이동중) 생포 인솔자 3인은 사살함

1951. 3. 14

한국전 두 번째로 38°선 돌파 38°선 이북 귀둔리로 진입 귀둔리 주둔 중 (적병 39명 생포, 내무서원 7인과 당 간부 등 15명 생포)

1951. 3. 16

인제군 북면 가리산리 군량밭(軍糧田) 지구로 북진 진격

1951. 3. 18

적 인민군 중장 길원팔(吉元八) 생포

결사 제13연대 수색대 및 보급병 등이 필례 지구 수색 정찰 중 길원팔 중장 (빨치산 사령관·참모장 강칠성 총좌 등 13인) 생포

1951. 3. 19

결사 제11연대 및 사령부에서 공산당 당원 등 11명과 적 연락병 54명 등 생포자 계 65명(무장자위대원 2인을 이영진(李榮珍)이 생포 내무서원 2, 생포)

1951. 3. 19

민간 1명 지원 참전, 이명해(李明海) 외 1명의 연락병이 백담사 입구에서 적 정찰병 3인 사살

빨치산 제5지대와 교전. (11R) 사살 30여 명 외 전사 피해 17명

12R 내무서원 3인 사살 작전 중 아군 희생 26명

13R 전과 미상, 낙오자, 피해 20여 명 발생

1951. 3. 19

군량밭에서 남하위장 동북방면으로 철수 (망대암산의 능선부로 북상 퇴각)

1951. 3. 19

18시경 길원팔 중장 등 대동남하 할수없어 [처형하기로 결정하고 집행함 (사수 11연대 15명)(전인식 대위 지휘)]

1951. 3. 20~23

대승 폭포, 설악의 안산 내설악의 원시림을 경유, 용대리 방면으로 북진 퇴각

1951. 3. 23
용대리(외가평)까지 단독 북진 (강원도 영월에서 → 인제군 북면까지(종횡 800리, 320 km)) 북진 정점

1951. 3. 23
용대리에서 북괴군 32사단 병력과 조우, 탈출작전에서 적사살 60 여명(현규정 지휘), 아군 희생 46명
여기까지가 백골병단의 작전 종점이다.

1951. 3. 24_04시
설악산 서남방 소청봉 ↔ 귀청 사이 개활지에서 야간 피습 (윤창규 대위 적병 수명 유인 자폭 전사) 희생 40여명 (최인태 소위 수훈)
야! 이 새끼들아!   내가 대대장이다! 고함!!
            저놈을 생포하라! 수류탄 폭발! 전사
전인식, 적병의 기습을 받은 뒤 윤대위의 자결을 듣고, 폭포 비슷한(10 m) 곳으로 퇴각

1951. 3. 24_10시경
오색리 인근의 약간 넓은 곳에서 퇴출 병력을 중지시킨 뒤 작전참모는 부대 재편성을 시도함. 희생병력 60여 명 확인함. (부대는 3. 19일 군량밭 퇴출 후 여기까지 5일간 굶고, 잠을 못잠)

1951. 3. 24_14시경
양양군 서면 오색리에 도착 집합병력 410명 상당 확인

1951. 3. 24_15~18시
양양군 서면 오색리에서 오가리, 박달령 입구까지 적 10

사단의 방어선상(잠호 주저항선 보수전면의 도로)으로 전인식, 이만우 중위 등과 백주(대낮)에 2열 종대형 행군 이동함

행군 중 적의 척후병 4인이 우리 부대 전면(앞)으로 나와 그들의 뒤를 쫓아 행군함 (우리 뒤에는 적의 대부대가 따라왔음)

1951. 3. 24_밤 8시~3. 25 자정 사이

박달령 산중에서 굶고 추위에 지친 120여명 동사자 피해 발생 (전인식, 동사위기 당함) 정규옥 상사의 수훈있음

아군의 작전명령 : 수도사단은 1951. 3. 25 오색리(카이 로라인)에 투입하라. 3사단 18연대는 박달령 지구에 투입하라는 명령있음

1951. 3. 25

아 유격대는 06시경 인제군 기린면 진동리 설피밭에 집결 재편성 후 11연대 1대대 현규정 대위는 진흑동 방면으로 출동 신건철(申健澈), 홍금표 등의 수훈

선제공격으로 적 3군단 주력(이동중인 병력 적 3군단으로 판명)을 공격 10여 명 사살했으나 아군도 현 대위 등 25명의 전사 피해를 입음

1951. 3. 26_23시

제2차 돌파 작전 중 가칠봉 입구에서 지뢰로 정세균 중위 전사, 김수창 부상

1951. 3. 27_06시

전인식 대위 지휘하여 독립고지 지휘소 점령, 적 5명 폭살 (김영돈 중위 · 허은구 소위 수훈), 연락병 등 4인 희

생, 교전 중 수명 사살 후, 폭설의 틈이용 독립고지 철수 본대는 어디론가 이동하여 큰 혼란 겪음

1951. 3. 27~29
북괴 2군단은 인제 방면으로, 적 3군단은 서림리 방면으로 각 퇴각중임이 판명되었음
3. 28. 04시 방동 방면으로 퇴출하라는 명령에 불복하여 전인식, 채사령관의 총살 위기 받음
정찰 확인결과 적 3군단 주력이 그곳으로 27~28일까지 이동한 것이 확인되어 전인식 총살위기 넘김

1951. 3. 28_02시
인제군 기린면 방동 북방 약 5km 민가 2~3호에 도착
강냉이밥, 소 1도살, 여기까지 도착 병력 260여 명

1951. 3. 29
방동방면 약 4km 북방 무명부락 진입. 은거, 생존, 보급 해결

1951. 3. 30_10시경
방동방면 약 6km 전방 아공군기(몸통 2개의 수송기)가 보급품을 투하하는 것을 목격함
나는 전부대원에게 최전방이므로 아군과 적을 분간하기도 어려운 때이니 각별히 경계를 엄중히 하라고 주의를 촉구하면서 아군과의 접촉에 대비하도록 정찰팀을 편성하였다.

1951. 3. 30_16시경
아군 7사단 3연대 수색대와 접선 · 개선함(260여명)
(3R장 정진대령)

아군과 접촉할 인원 중 나는 명령불복 사건도 있어 원응학 · 이덕일 · 신효균 보좌관, 이만우 중위, 김흥복 수색대장 등 선발대 15명을 아군과 접속하게 하였다.

1951. 4. 1
대관령 방면쪽에 있는 강릉 도립 병원 인근에 분산 주둔함

1951. 4. 2
채중령은 적진 중 입고 있었던 **야전점퍼**를 박정희 대령(9사단참모장)과 저녁식사 후 바꿔 입었다고 자랑하는 기록을 남겼다.
채명신 저, 『死線을 넘고 넘어』 pp. 243~4, 1994. 매일경제신문에서 주장하였다.

1951. 4. 3
강릉에 도착한 뒤 채중령은 측근, 정보참모(최윤식 대위), 연락병과 최준결(길원팔의 심부름) 등 4명을 대동하고 대구 육군본부로 복귀하였다.
부대는 4. 5 석교리로 이동 했다가 다시 강릉에 재집결한 뒤 4월 5일 각 대별로 "기념촬영"을 남겼다. 이때 결사 11연대 149명의 단체사진은 내가 보관중 전우회기록으로 전쟁기념관에 전시물로 남겼다.

1951. 4. 9
채 중령, 사천면 석교리로 다시 복귀하여. 작전참모 전인식이 정리한 전투상보를 글씨 잘 쓰는 한갑수 소위에게 정서시켜 가지고 떠났다.

1951. 4. 11

석교리 해변에서 채중령과 나는 크게 언쟁을 하였다. (우리들의 병적 등 문제 제기로)

1951. 4. 12

채 중령 육본으로 재차 출발할 때 "그는 최선을 다해 병적문제와 훈장문제를 상부에 건의 하겠다"는 요지의 고별사를 남기고 따난 뒤 돌아오지 않음

1951. 4. 15

<mark>육군본부 작전국에서 결사대 장병 전원을 미8군 작전국 기타 업무처로</mark> 이관 한 사실을 국방부 "백골병단" 보상지원 백서 p.27 의거해서 확인할 수 있었다.

1951. 4. 18

생환자 합계 283명으로 집계(부상자 30여 명은 육군 병원으로 후송)

백골병단 종합 전과 및 아군의 피해

적 생포 사살 등 전과
(중장 1, 대좌 (총좌) 1, 총위 1, 상위 2, 중위 5 포함)
종합전과 : 생포 309명 사살 45명 외 미확인 사살 130여 명
　　　　　 합계 175여 명
노획무기 : 권총 9, 다발총 17, 장총 178 계 204정
　　　　　 ◎ 694 무전기 1대
기밀서류 노획
① 인민군 69여단의 전투상보 일체 노획(아군에 전달)
② 빨치산 제5지대의 편성 장비 · 남한지구 빨치산 조직표
③ 김일성이 전선사령관에게 보낸 메시지, 통신암호 · 난수표
④ 군관증 11매, 당원증 40여매, 인민위조직표 5점

아군의 피해
전투 피해 240여명과 비전투손실 120여 명 등 피해
합계 360여명
총기 등 장비 손실 410여점＋무전기(SCR-300) 2대(파손)
민간 참여자 희생 12명

1951. 4. 25

결사 제11, 12, 13연대 250여 명 미 8군에 이관되어 강릉에서 묵호 남방 북평리로 이동 (동해안의 1군단 중공군 춘계 대공세로 강릉 이남으로 모두 후퇴할 때)

1951. 4. 26

(박창암 소령, 김석환 중위, 소주영 소위? 등 대동 북평리에 옴) (곧 떠남)

미군 해리손 중위, 설러마 상사와 통신 장교 2인 등 도착. KIRKLAND 기동부대로 이관 (명령은 1951. 4. 15인 듯? 함) KIRKLAND 편성 : 사령부 요원 39명, 결사 제11연대 (130여 명, **다들레**), 결사 제12, 13연대 (90여 명, **스탠튀시**), 결사 제15연대 (124명, **단스터**), 결사 제16연대 (297여 명, **엘리옷**), 특별 연대 (34명, **쎈올**) 등으로 개칭하고 714명으로 편성

1951. 4. 26

결사 제15연대(120여 명) 속초 방면까지 북진한 뒤 북평에 도착 합류함

1951. 4. 28

<u>**전인식 소령으로 진급**</u> (작전처장 겸 전방지휘관) 상륙작전 훈련 개시

1951. 5. 1

상륙작전 교육훈련 개시. 기관단총, 신형박격포 등 장비 강화

전인식 소령 **육박전교육** 직접 담당 실시함. 태권도식?

1951. 6. 2

송정리 앞 솔밭에서 상륙작전훈련을 실시하고, 교육 완료함

1951. 6. 3

Task Force KIRKLAND 사령관 등 병력 250 여명. 1차로 동해항 출항, 원산남방 통천군내로, 미해군 507함정으로 출동 (전인식 전방지휘)

1951. 6. 6

원산남방 통천 두백리 상륙 작전 성공. 해안포대 2, 교량 2 파괴

(양민 300여 명 자유대한민국 주문진으로 후송해 자유를 찾아줌)

1951. 6. 14

알섬주둔 중, 16R 최성진 대위 보급 부실건으로 항의(박격포를 사령부 주둔지로 사격 반란)하여 체포 처형(솔섬에서)

1951. 6. 21

미10군단 G-2요원의 동력선을 내가 압류한 관계로 미10군단 정보참모 미군중령과 충돌하는 사건 발생

1951. 6. 23

전방 지휘관 전인식 소령 알섬에서 HID 선박(동력선)

활용으로 미10군단 G2 미군 중령과 충돌한 후 미8군의 지시로 "전인식" 주문진으로 귀환

1951. 6. 28

킹스턴 윙게트 부사령관 서명으로 전인식 소령 명예제대

동해안 1군단 정훈공작대 요원들 합류(이은재, 이혜숙, 홍 모 등)

백골병단 잔여 병력 사실상 해체(귀향증명으로 각 귀향)

1951. 7. 13

전인식, 육군본부 정보국과 작전국에 가서 제대증의 교환을 요구했으나

모든 기록이 미8군으로 이관 되었으므로 여기에는 아무런 자료 없이 불가하다며 거절함

1951. 8. 6

전인식, 진안의 103사단 박창암 소령과 헤어진 뒤 고향으로 귀향함(한강도강은 미군제대증 덕으로 무사통과)

1951. 8. 9~9. 1

1사단 CIC에 가짜소령으로 피체, 가짜 소령에 국제고등간첩, 이적행위 등의 엉터리 혐의를 뒤집어 씌우고 22일간 온갖 고문을 가한 옥고를 치르고 당시 재판장인 김동빈 대령이(11연대장) 훈장을 수백개 주어도 아깝지 않을 사람을 잡아다 놓고 이게 무슨 짓이냐 당장 석방하라라고 호통치며, 석방을 명령하여 무죄 방면되었다.

(혹독한 구타, 전기고문, 물 고문 등도 받았다)

1951. 12. ~ 1952. 1

전인식 미 첩보대(DALD) 서부 제2지구대 요원으로 2개월간 활동

1952년

1952. 3. 중순

전인식, 종군학도대 강원도 규율국장 겸, 시사통신·종군기자 겸임함 (춘천에서 잠시 활동) (꿀꿀이 죽으로 연명)

1952. 11. 23

<현역병으로 재입대>

전인식, 병무 소집 응소 "논산 제2훈련소" 입소 **재입대** 훈련병 군번 : 9358453 ? 약 일주일 후 광주 송정리 육군보병학교로 이동 사관후보생으로 입대함

1952. 12. 초

전인식 육군보병학교 자동 입교 [갑종간부 후보생 (44기)]

1953년

1953. 2.

전인식 육군보병학교 전반기 교육을 마치고 육군병기학교에 입교 (병기장교 후보생 12기)

1953. 5. 17

<현역장교로 정식임관>

전인식 **육군소위로 임관** (군번 26444)

1953. 7. 27

전인식 휴전시까지 보병 7사단 병기참모부에서 양구,

화천지구 전투 당시 중공군 인해전술에 대항할 수수탄 3
만발 수령을 사단장의 강력한 지시를 받아 이를 성공적으
로 수행하여 아군작전에 기여

1954년

1954. 5.
전시군인 연합대학 1기 2차 입교(장충동 소재) (대학 3
년과정 학점이수)

1955년

1955. 9.
전인식 육군 병기기지사령부 기계공작창 군수과장, 병기
기지보급창 작전 교육 장교 · 기지사령부 참모로 활동

1957년

1957. 11. 15
전인식 중위로 **예비역 편입** (명령 No 8453 호)

1958~1961년

1958. ~ 1961. 7
전인식, 가사에 종사 및 중학교 교사로 활동

2부

명예회복

1961년 8월 23일~2004년 3월 11일까지
명예회복을 위해 노력

1961년

1961. 8. 23

채명신 소장, 결사대 참전자를 초청해주어 오찬을 대접받음(을지로 3가 日食 "새마을"에서) 참석자 : 김인식, 이상섭, 강두성, 원응학, 신효균, 장철익, 김한철, 장지영, 정규옥, 한갑수, 이명우, 최윤식 등 참석

◆ 1961. 8. 23

대한민국 유격군 참전 전우회 발족(발기인 전인식, 원응학, 장철익, 한갑수)

8·23 전우회 모임에서 찬조한 내역(단위 천원) "첫 모금 행위"

전인식(1.6), 강두성(1.4), 이덕일(1.0), 원응학(1.0), 김영돈(1.0), 최윤우(0.5), 최인태(0.5), 최윤식(0.5), 장인홍(0.5), 김홍복(0.5), 이명우(0.5) 총 9천원이 모금됨 (화폐개혁 직후)

1961. 7.~12.

전인식, 군사원호청 설립요원 [원호국(임용고용과)으로 창설 활동]

1961. 12. 9

전인식, 감찰위원회로 전관 (주사)

1962년

1962. 3. 29

전인식, 고등전형시험 합격과 동시에 감찰위원회 제1국 조사관보 (사무관)로 활동

◆ **1962. 4.**

전우회 "가칭" **결사유격군 출신 동지회**로 변경 발기 (채명신이 결사대 유격대의 어감이 좋지 않다는 만류로 활동 중지함)

1962. 4. 21

국가재건최고회의 의장에게 병적관계 청원서 제출. 동 청원에 따라 14인 군복무 확인을 받음. (장지영, 박정봉, 원응학, 권영철, 이봉구, 이도선⑬ ? 등 포함 이등병으로, 07군번 부여)

1962. 8. 16

"가칭" 설악동지회 발기, 초대 회장으로 최고령자, 보좌관 강두성 (보좌관)을 추대

1962. 9. 16

전인식, 설악동지회 회칙을 성안함 1965-1970 춘추 2회 모임 개최함

1963~1964까지 활동 중지함

1965년

◆ **1965. 9. 29**

"설악동지회" 정식으로 재발족 (회장 전인식 피선)

1966~1969년까지 전우회 결성 강화함

1970년

1970. 1. 19

국방부장관에게 전인식 병적확인 관계 청원

1970. 2. 13

육군참모총장(서종철 대장)으로부터 전인식 임시 소령으로 병적 확인받음

1970. 3.

전인식, 감사원에서 감사관(수석 감사관)으로 진급

1970. 4.

문교부 교수자격심사위원회에서 전인식 대학토목공학과 조교수 자격을 인정받음

1975년

1975. 4. 15

전적비 건립과 전사작성을 채장군에게 건의했으나 아직 때가 아니다 라며 제지 당하고, 6월에 전적비 건립 자금으로 10만원 보내왔음 (양재학 상사편)

1975. 4. 15

종로 비원에서 총회를 개최함 회장에 전인식 재취임

1977년

1977. 5. 15

종로 비원에서 모임을 갖음. 회장에 전인식 재추대 (27명 참석) (박창암 장군 참석)

1980년

1980. 4. 12

종로예식장에서(고제화씨 혼사) 모임을 겸함. 설악동지회 약식 총회를 개최 (전우회 재발족하다.)

1981년

1981. 5. 6

「나와 6 · 25」 참전수기 발간 (비매품) (저자 전인식).

실전자료를 500부 발행하여 회원에게 5부씩 배포하고 당국(대통령 외 23개 기관)에 청원과 함께 기증함

<책1권째> (첫 번째의 책)

1981. 5. 6

파악된 전우

全仁植 ⑪, 康斗星 · 元應學 · 李德鎰 · 申孝均 보좌관, 金漢喆 ⑬, 李斗柄 ⑫, 李相変 ⑪, 金榮敦 ⑪, 韓甲洙 ⑪, 崔仁泰 ⑪, 張喆翼 ⑫, 崔允植 ⑪, 張之永 ⑪, 權寧哲 ⑪, 丁圭玉 ⑪, 李命宇 ⑫, 金興福 ⑪, 高悌和 ⑬, 尹喆燮 ⑪, 崔潤宇 ⑪, 金海遠 ⑪, 李暢植 ⑪, 韓寶根 ⑮ 24명

추가확인 된 전우

최종민 ⑬, 임동욱 ⑪, 조영택 ⑫, 박종황 ⑪, 박광석 ⑫, 임계수 ⑪, 이상남 ⑮, 최성학 ⑮ 8명 합계 32명

1981. 6. 27

참전수기 보완을 위한 회의 개최 및 참전 자료를 보완함

1981. 8. 24

채명신(대사)의 귀국 환영모임을 여의도에서 개최함 (전인식, 강두성, 이창식, 원응학, 최윤우, 이덕일, 김해원, 최윤식, 신효균, 최인태, 이명우, 김한철 등 15인 참가)

1983년

1983. 7. 6

서교호텔에서 동지회 총회 개최. 회장 전인식 재추대

1985년

1985. 6. 1~30.

KBS 제1라디오 「백골병단」 1개월간 연속 방송 (임영웅 연출) 소설화한 것으로 채명신 미화만으로 된 내용임

1985. 10. 30

육군본부 "**백골병단**" 실화를 소설로 발간한 것을(군사 연구실에서) 입수하여 당국에 왜곡사실을 엄중 항의함

1985. 12. 12

육군참모총장에게 참전자 명단 확인 청원 ('86. 1. 13 명단이 없다는 회신 접수)

1985. 12.

채명신 대령의 "**사투만리**(死鬪萬里)" 1956년경 육본 훌병감실 발행한 것을 입수(군사연구실) 소설화한 것으로 전사와 전혀 관련이 없는 것. 채 중령만을 미화한 것으로 엄중 항의함

1986년

1986. 1. 13

육군 7567부대에서 육본직할 유격대 명단(장교) 마이크로필름에 수록된 것 일부 송부받음

1986. 3. 15

육군참모총장에게 전사기록 요청함('86. 4. 4 회신 희망적인 회답)

1986. 4. 18

대통령 각하에게 전사기록 등재 및 상훈 등을 청원

1986. 5. 19

총무처(과장 전결)에서 포상 소급 수여 불가 회신을 전인식과 원응학이 총무처를 방문하여 확인 국방부 장관에게 강력 항의함

1986. 6. 25

경향신문 (7면) 전단에 걸쳐 「백골병단」 기사 **특종으로 최초 보도**

1986. 6. 25

「못다 핀 젊은 꽃」 출판 함 (저자 전인식) <책2권째>

1986. 6. 25

KBS 특집방송(라디오 6·25 전인식 회고 생방송으로 대담방송 함) <**최초 KBS 보도**>

1986. 6. 30

이두병, 최윤식, 원응학, 장지영, 최윤우 15R 2명, 16R 3명, 박승록 등 전우 40여 명 E여대 경음악단의 연주 있었음

1986. 8. 8

「못다 핀 젊은 꽃」 개정 3판 발간 (전인식 저). 프레스 센터 20층 "국제회의장"에서 처음 분향 **(제1회 합동 추모제)**

참가자 : 이두병, 최윤식, 원응학, 장지영, 최윤우, 박승록,

박종황 15R 2명, 16R 9명 등 40여 명
(출판기념회 겸 제1회 추모제 개최함)

1986. 9. 18

추석날 나는 권부회장과 백골병단 전우들 120여명이 5일간 굶고 잠을 못자 희생된 박달재를 찾아 제2회 위령추모제를 지내고자 출발했다. 16시경 필례 ↔ 군량밭에 이르렀을 때 동네 아낙으로부터 그곳 노인의 두 아들이 우리들에게 희생되었다는 말을 들었으나 그 노인을 찾아보지는 않았다.

1986. 9. 19

아침에 **망대암산 → 점봉산 → 단목령**으로 출발 12시경 단목령 부근에서 위령제사를 지내고, **하산길에 길을 잃고, 방황**, 18시경 원시림 계곡에 빠져 하산을 포기하고 야영(야영 등 장비 전무), 햇불을 피워놓고 밤을 지냄

1986. 9. 20

06시 하산길에 들어갔을 때 빗방울이 떨어지기 시작하더니 10시경 오색리로 되돌아온 뒤 빗방울이 더 거세지더니 폭우로 변해 귀경도 불가할 정도

1986. 9. 21

아침에도 계속 비는 계속 내림(폭우), 전우들의 슬픈 눈물이 아닌지 …

1986. 10. 10

「못다 핀 젊은 꽃」 기록 보정한 개정 3판 발행함

<책3권째>

1986. 10. 25

대통령 외 17개 공공기관에 청원서 및 「못다 핀 젊은 꽃」 책자 증정함

1986. 12. 1

국방부 인사 24158-2374호로 청원서 회답, 전사에는 남아 있어도 인적 사항은 알 수 없다는 모호한 회답

1987년

1987. 1. 15

국방부장관의 청원자료 보완 송부 요청에 응함

1987. 2. 17

설악산 오색리에서 TV 촬영을 위하여 동지들 20 여명 출장

1987. 2.

허재구씨(형님)가 전인식 사무소를 방문하여 허은구 소위의 임관특명등 자료를 전사확인 신분자료로 제공함

1987. 3. 7~14, 21

KBS Ⅰ, Ⅱ, MBC TV 「**못다 핀 젊은 꽃**」 3부작 영화 방영함. "시사회에 참가"

1987. 3. 16

국방부 및 관계기관에 신분관련 청원함

1987. 3. 28

고 허은구 소위 (참전장병 중)처음으로 육군본부민사참모부 결정으로 전사 확인받음 (참전 장병 중 첫 장교로 전사 확인)

1987. 4. 3

합동위령제(2차 추모제)를 봉행함 (단목령 입구에서)

허재구씨 등 유가족 3인 외 전우(27명 참가) (실황사진 있음) (제사준비는 모두 전인식 부담함)

1987. 4. 7

국방부장관에게 청원 추가 자료를 송부함

1987. 6. 8

국방부 청원서 검토결과 회신 (인사 24158-1215호) 도착

1987. 6. 25

임원 간담회 개최

1987. 7. 16

회원 전원이 연서한 청원서를 41개 관계 기관에 제출함

1987. 8. 7

채명신 대장이 일본도쿄에서 전인식에게 보낸 (등기) 서신을 접수함 (일본 오구보 발신) 우리들 요구 등 구구절절한 내용임

1987. 8. 16

백골병단 전승탑 건립계획서를 육군참모총장에게 제출함

1987. 9. 12

국방부 인사 24158-1815 청원서 검토 결과 회신 접수, 불가하다함

◆ **1987. 12. 20**

대한유격참전동지회로 개칭 함 (총회 의결)

1987. 12. 28
병역관계 진정서를 관계기관에 제출함

1988년

1988. 1. 12
대통령 외에 군인사법 개정 건의함(48명 연명)

1988. 3. 3
채명신 중령(예비역 장군) 외국 연수중 귀국

1988. 3. 14
채 사령관을 방문 그동안의 경과보고함 (전인식, 최윤식)

1988. 4. 1
「**백설의 장정**(白雪의 長征)」 서교호텔 연회장에서 출판 기념회 개최 성료함 <책4권째>
(최윤식, 이두병, 양재호, 최윤우, 원응학, 강두성, 신효균, 최종민, 한갑수, 정규옥, 신건철, 장덕순, 장승현 등 다수의 참전동지 및 내빈 채 장군 외 300여 명)

1988. 4. 3
박달령 입구에서 합동위령제(3차) 봉행함 (24명 참가)

1988. 4. 30
허은구 소위의 전사 확인 후 고 장동순, 신현석 중사 등의 전사 확인 신청함

1988. 5. 23
국회 국방위원 등 69인 외 당국자에게 군 복무사실에 관한 명예회복을 청원함 (전인식)

1988. 6.
고 권욱상 중사의 전사 확인을 신청함 ('88. 8. 권욱상 이등중사로 두번째 군계급으로 전사 확인 받음)

1988. 6. 17
대통령과 국무총리, 국방, 교통, 총무처 등에 전적탑 건립의 건 청원함

1988. 6. 20
특전사 초청에 참가함. 전인식 회장, 서완수 사령관과 사열 차에 올라 사열(査閱)을 받음

1988. 6. 29 _ 10 : 30
육군 제 3 군단을 방문함 (전사자 명단 확인차) (전인식, 권영철, 황인모 장군) 전인식, 백골병단의 전투경과를 군단장 이진삼, 중장에게 상세히 설명함
(이진삼 군단장으로부터 전승위령탑 건립 지원 약속을 받음) 전인식 큰절을 올리며 통곡함 _ 11 : 30

1988. 6. 30
장동순, 신현석 등 중사 계급으로 전사 확인을 받음 (2차)

1988. 7. 26
육군본부 참모차장 이진삼 중장 방문, 전적비 건립 요청 (재 건의함)

1988. 7. 28
육군 제 3 군단을 재차 방문하여 전적탑 추진건을(박익순 중장) 확인 받음 (전인식, 권영철)

1988. 8. 6

임시총회 개최, 전적비 건립기금을 참전전우 중 협찬 회원으로부터 605만원의 약속을 받음

1988. 8. 12

채명신 대장에게 진행상황의 보고 및 자료 검토를 의뢰함 (전인식, 권영철, 채 대장 외 서원경씨 (채장군의 전속부만 출신)) (일식 여의도 대어에서)

채 사령관에게 협조요청한 사항

① 69 여단의 압수문서 찾기
② 길원팔 압수문서 찾기
③ 유격대 전원의 명단 찾기
④ 51년 채 대장이 육본에 보고한 전투상보 찾기
⑤ 56년 채 대장이 발표한 사투만리의 저술 배경
⑥ 소설 백골병단의 원고 자료 제공은 누구인가?
⑦ 위령탑 건립의 동지회 성금 기탁 건
⑧ 실존 기록과의 대비표 검토 등이었다.

채 사령관은 위 8 항 중 ①, ②, ③, ④ 항은 직접 찾아 사실을 바르게 정리하시겠다고 하였고, ⑤ 항의 내용은 앞부분만 보고 싸인해서 뒤쪽은 모르는 일이라고 하며, ⑥ 항은 전혀 아는 바 없고, ⑦ 항은 1,000 만원을 찬조하시겠으며, ⑧ 항은 내용이 많은 분량이니 지참하여 잘 검토하시겠다고 하시었음. 이 보고시 ⑤, ⑥ 항에서 의견차 등이 현저하여 나의 언성이 높아졌음

1988. 8. 12

동지회의 임시총회 결과를 전 회원에게 통보하여 모두를 공개하였음

설계도면의 작성을 개시함(전인식과 정규옥 동지 외 2인)

1988. 8. 13
육군본부를 방문하여 이진삼 중장(참모차장)과 전적비 건립건 다시 협의함

1988. 8. 13
육참총장에게 백골병단 전적탑 건립 요청서를 발송함. 이 요청서에서 작전개요문인 백골병단혈투기와 유격군 실전실화 중 1956년에 채 대장이 쓴 사투만리와 육본이 발간한 소설 백골병단과 전인식 작 백설의 장정의 내용을 주요 항목마다 페이지 번호를 붙여 비교한 것 등 외에 개략 설계도, 탑 설명문 등을 함께 송부함

1988. 8. 16
위와 같은 내용의 공문을 제 3 군단장에게도 송부함

1988. 8. 18
육군 제 3 군단을 다시 방문하여 **건립 후보지를 전인식이 결정함** (민병선 부군단장 및 공병 반웅식 장군, 전인식, 권영철)

1988. 8. 23
결사 제 15, 16 특별연대 출신동지 5인(현재 주소 확인자)에게 백골병단으로의 참여 여부 조회 발송 (반려 2건, 1인 참여, 1인의 문의가 있었음)(16R 19인을 참전자로)

1988. 8. 29
육참총장에게 과거에 결사대원으로서 전사상 확인을 해 준 동지의 명단을 조사하여 통지해 줄 것을 요청함

1988. 8. 29

동지회원 모두에게 전적비 건립 추진에 관하여 재차 협조를 요청함

1988. 9. 8

전승탑 건립 협찬에 대하여 주요 30여 기업체에 협조요청문을 발송함

1988. 9. 11

전승탑 건립 기본도 완성(총 공사비 9,500만원 예상)

1988. 9. 12

건립 주관 군단에 설계도서 전달·협의함 (전인식, 정규옥)

1988. 9. 21

「백골병단」출판 (저자 전인식) <책5권째>

1988. 9. 22

육본을 다시 방문하여 전적비 건립 건 협의 함

1988. 9. 28

육군본부에 기술도서 및 백설의 장정 등 책 1,980권(정가 1,443만원) 기증

1988. 10. 7~9

박달재 전사위치 확인을 위하여 출장 (전인식, 권영철)
현리 ↔ 방동 ↔ 진동 ↔ 설피밭 ↔ 삼거리 ↔ 박달재 현지 조사함

수십명의 북괴군복 차림의 아군유격대원이 묻힌 것으로 보이는 무덤이 있다는 정보 있음

위치 : 북위 38° 2′ 50″ 동경 128° 27′ 35″ 지점 반경 약

2~300m 안으로 추정됨
　제보자 : 강원도 인제군 기린면 진동7리 최정식 씨
　　　(51년 당시 G-2 요원)

1988. 10. 11
육본의 담당관 한모 대령으로부터 동지회건 보충설명 자료 확인을 위한 전화를 받음. 전승탑 건립건은 추진중에 있어 곧 조치될 것이라는 전언 있었음

1988. 10. 11
채명신, 김한철, 이명우 등 전적비 건립을 반대하는 이단자 발생함

1988. 10. 12
강두성·최윤우 외 동지 등 전우회를 방문하여 앞으로의 대책을 논의함

1988. 10. 20
전인식 전승비 건립 추진 관계업무를 일시 유보하고 관망 함

1988. 10. 20
동지회 전승비 건립 협찬금 납부액 (단위 : 만원) (전인식 100, 권영철 100, 이명해 20, 박제민 5, 박승록 5, 신영기 5, 최윤식 20, 허재구(허은구 동지의 형님) 20, 고제화 30, 권일상(권욱상 동지의 제임) 10, 이익재 10, 조영택 10, 정규옥 35, 최윤우 30, 신건철 20, 박용주 10, 안병희 30, 장지영 10, 장승현 20 등 490만원 이외에 전인식의 찬조·지출된 별도 금액이 664,760원과 설계비 및 출장지원비, 기타 사무비의 지출이 발생함

1988. 10. 28

9월 28일자 공문에 관련되어 도서 1,980 권을 육본에 기증 인도함

1988. 11. 7

도서 기증에 대하여 육군참모총장의 감사서신을 받음

1988. 11. 10

육군참모총장에게 과거에 확인해 준 결사대원과 전사자의 명단 회보 요청을 촉구함

1988. 11. 10

확인을 요하는 전사자 36명에 대한 입증자료를 요청하는 공문을 제보한 동지 13인 외 2인에게 발송하여 전사처리를 완료하자고 호소 함

1988. 11. 17

육군 제 3 군단장에게 단목령 남쪽 개활지(진동리)의 전사자 묘 확인을 위한 조사 요청을 청원함

1988. 11. 20

현재까지 **찬조약속한 금액 중 미납중인 회원**은 채명신 사령관의 지원 약속 1,000 만원, 최윤식 잔액 30 만원, 김영설 20 만원, 최종민 10 만원, 이두병 10 만원, 윤범용 10 만원, 장덕순 20 만원, 권일상 10 만원, 김용필 50 만원, 박종황 10 만원, 임동욱 10 만원, 강두성, 원응학, 신효균 3인의 200 만원 계 1,380 만원으로서 조속한 완결이 요망되는 내용을 공시했음

1988. 11. 22

참전 전우 57인에게 그동안의 경과보고, 서신과 **11월까지의 동지회 일지를** 참고로 전원에게 송부함

1988. 12. 1

제3군단 예하 703특공연대 위문계획을 기금 찬조 동지에게 통보함

1988. 12. 8

제3군단을 방문, 특공연대장에게 위문품(돈육 수출용 특품 600 kg)을 전달함

1989년

1989. 1. 12

동지회 총회 개최, 통지를 참전전우 63명에게 발송함

1989. 1. 20

동아일보에 백골병단 회원에게 보내는 광고 게재 (전인식 개인 부담)

1989. 1. 23

동지회 총회를 개최함

1989. 1. 26

채 사령관 전적비 건립 찬조금 1,000 만원 도착 (이명우 지참) (약속은 1988. 8. 12 임)

1989. 1. 27

육군 제 3 군단장(박익순 중장)에게 **전적비 건립 기금 1,000만원**을 전달함 (전인식, 권영철, 신효균, 참가)

1989. 3. 3

육군 제 3 군단 공병여단 방문 전적비 착공을 협의함

1989. 3. 4

용대리 현장에서 착공, 전적비 건립 위치를 전인식 회장이 허벅지까지 빠지는 눈위에서 결정함.(지신제를 거행) (전인식, 권영철, 공병시공대대 참석)

1989. 4. 3

<u>박달령 입구에서 병풍을 둘러치고 위령 제사를 거행함 (4차)</u>

1989. 4. 15

박달령 ↔ 설피밭에서 전우의 유골 탐사를 703특공연대장에게 의뢰함

1989. 4. 18

강두성 동지 본회 방문하여 전적비 건립 기금 찬조금 100만원을 찬조함

1989. 4. 19

703 특공연대에서 대형 묘 (?) 2 묘 발견했다는 조사 통보 받음

1989. 4. 20

전적비 건립 기금 장승현 10 만원, 전인식 30 만원 추가 찬조

1989. 4. 20

전적탑명 회원에게 널리 공모함

1989. 4. 21

전인식, 권영철, 황장군 발견했다는 대형묘 현지 확인차 출장 겸, 특공연대 위문

1989. 4. 22

대형묘의 현지를 탐사하였으나 유골은 확인 불가 하였음 (화장한 터 디젤유 탄 흔적 2개소을 확인)

1989. 4. 24

새로운 유골 발견 통보 접수 (특공연대 제 4 대대장 백행기 중령)

1989. 4. 24

고 정세균 중위, 류동현, 김윤수 전사 확인 신청함 (최초 4월 12일의 보완자료 제출)

1989. 4. 26

현지 확인한 바, 유골 3 기 발견 (진동 2리 7번지 옆) 도로 개설시 불도저 작업 중에 유골 수 십기 있었다고 함. 10 여 기가 있었다고도 함

1989. 4. 28

당시 주민 "김동찬"씨에게 전화로 확인함

1989. 5. 1

특공연대 우수장병의 표창. 백골병단상을 제정(처음) 수여함 백형기 중령 수상함

1989. 5. 3

당시의 계급으로 전사 정세균 중위 등 4.24 신청자 확인 받음

1989. 5. 4

6.25 당시 거주자 "최기석"씨(병원 입원중)를 춘천 한림 대학병원으로 방문 · 사실 조사함

1989. 5. 10

<u>육군본부 정세균, 김윤수, 류동현 전사확인 받음 (3차)</u>

1989. 5. 13

제1군사 이진삼 사령관을 예방(권영철, 전인식) 전적탑 건립 추진 부진전 타개책을 협의 건의함.(군사령관 시멘트 2,000포, 철근 20 ton 지원 약속 받음)

1989. 5. 13

영월 봉래산 아래 출동 대기 지점인 양조장(7사단 OP 자리)을 전인식 · 권영철 방문함.(권영철 동지 환갑날이므로 안양 낙산사 비취 Hotel에서 축하연 개최함)

1989. 5. 23

국무총리 및 국회의장 등 69명에게 청원서(명예회복) 발송함

(1989. 6. 9 국방부 법적근거 없어 명예회복이 불가하다는 회신)

1989. 5. 26

참전전우 38명에게 윤창규 대위 등 연고 불명 전사자 36인의 입증자료 요구 공문을 회원에게 발송함

1989. 5. 31

전인식 · 권영철 3군단 공병참모부 방문, 전적비 건립 업무협의함

1989. 6. 1

육본 군사연구실 (실장 조성태 준장) 자료조사과 한대령으로부터 탑 건립 예산 6,430만원의 집행이 '90년으로 이월되었다는 사실상 거부와 같은 통보를 접함

전우회원 1961~89. 6. 1 전적비 관련 부담 내역

성 명	합계(만원)	성 명	합계(만원)	성 명	합계(만원)
전인식	1,714.4	이덕일	23	권일상(유)	79
권영철	634	신효균	214	이명우	2
최윤우	136.5	최종민	46	장인홍	7
장지영	43.5	김수창	15	김흥복	0.5
이익재	54	류탁영	50	김영돈	1
안병희	94	김성형	5	한보근(15R)	1.3
김용필	110	윤범용	35	김해원	3
임병기	22	조병설	15	이창식	1
고제화	36	허재구(유)	60	이두병	11
임동욱	35	정규옥	66	장동설(유)	78
박승록	45	신건철	84	김한인(유)	23
하태희	26	조영택	39	박창영(유)	18
박용주	39	이명해	62	정대균(유)	16
장덕순	34	장승현	70	원길상	25
강두성	156.4	이남훈	48	조증숙(유)	27
채명신	1,010	오봉택	31	박정렬(유)	24
원응학	124	이운하	5	박종황	15
최윤식	181.5	한갑수	1.3	박제민(16R)	5
최인태	21.5	김한철	1.5	계	5,724.4

= 56명 =

1989. 6. 2

제1군 사령관에게 진행 상황 보고 및 공사촉진 서신 발송

1989. 6. 2

二中 홍순기 전사자(충남 연기군 출신)의 유족인 박정렬 여사(63세)(결사 11R, 3BN, 2CO) 본 회를 방문함 (입증인 임계수, 박종황)

1989. 6. 5

육군 제 12 사단 통신대대 이 소령, 비상통신 케이블 이설관계 협의

1989. 6. 10

12 사단 통신대대에 전적비 건립 부지 인근에 있는 비상통신 케이블 이설비용 100만원을 본회가 부담하여 송금함

1989. 6. 14

용대리 현지에서 전인식, 공병여단장과 탑 부지 공사계획을 협의함

1989. 6. 16

육본에서 전사확인 보완요구를 받고, 즉시 보완자료 제출을 참전전우 10명에게 요청함

1989. 6. 24

전적비 건립 예정지 현장에 불도저 2대 외 투입 착공.

1989. 7. 4

국방부 홍보 영화, "**박달령의 침묵**" 촬영 협의차 방문

1989. 7. 6

경향신문 : 백골병단 관련기사 전단으로 크게 보도

1989. 7. 6

참전전우 40인에게 촬영 협조 요청 공문을 발송함

1989. 7. 11

"배달의 기수(旗手)", "**박달령의 침묵**" 촬영 KBS 방영

1989. 7. 13

인제군 기린면 진동리로 위문품 20 만원 상당 준비
(전인식, 권영철, 황장군, 최윤우, 최인태, 류탁영, 신건철, 장덕순, 정규옥, 장승현, 이명해, 장지영, 박용주, 조영택, 안병희, 이익재, 하태희, 고영상 등 18인 참석)

1989. 7. 13

진동 2리에서 동지 유골 발굴. 위령제 거행함(이날은 공교롭게 전인식의 환갑날이었다)

1989. 7. 14

703 특공연대 방문, 위문품 전달, 부대참관, 용대리 전적비 건립부지 답사, 표시판 건립 촬영 기타

1989. 7. 16

서울신문 : 백골병단 기사 크게 보도

1989. 7. 19

"**결사 11연대**" 백골병단 개정판 발행 (전인식 저)

<책6번째>

1989. 7. 29

현규정 대위, 이하연 소위, 이완상 병장 등 국립묘지 안장 결정 됨

1989. 7. 30

10 : 40 KBS Ⅱ <u>박달령의 침묵</u> 방영. V.T.R 40개 인수 배포함

1989. 8. 3

<u>윤창규, 현규정 등 17인의 전사확인을 통보받음</u> (김정기 등 5명 제외 됨)

1989. 8. 30

현규정 대위, 이하연 소위, 이완상 병장 대전현충원 안장 요청

1989. 9. 7

제1군사령관 이진삼 대장으로부터 격려 서신받음

1989. 10. 28

박만순 소위(13R) 전사확인 신청함

1989. 11. 24

제 1 군 사령부에서 개최된 군사령부 산하 각급 정찰대장 "세미나"에서 회장 전인식은 당시의 특수전 전황을 3시간 동안 특강함

1989. 12. 13

14시 현리 3군단 병원에서 고 현규정 대위, 이하연 소위, 이완상 이등중사의 영결식을 거행함(**703특공연대장 류해근 대령 주관**)

1989. 12. 16

전우신문, 강원일보 : 영결식 8단으로 현규정 등 3인의 영결식 광경 크게 보도

1990년

1990. 1. 16

전인식, 채 사령관, 권영철, 연명으로 유골확인서를 연대에 송부함

1990. 1. 24

제 1 군사령관 방문(10시 30분)함 (채명신, 황 고문, 전인식, 권영철, 최윤식, 최윤우, 원응학, 신효균, 류탁영, 신건철, 이명우 계 11인 참가함)
(참가자 결정에 김한철 문제로 채장군과 의견 불일치)
(군사령부 의장대의 사열 및 오찬 대접 받음) (1인당 10만원씩의 위로금을 봉투에 쓰지말고 달라는 것을 전우회원 일동이라고 전인식 기명함)

1990. 2. 20

〈총회개최〉

'90년도 전적비 건립 관련 총회 개최함
① 세입세출결산안 23,166,296원 ② 기금보고 2,672만원 의결 ③ 회칙 개정안 의결 ④ **회장단 선출** : 무기명 비밀투표(**회장 : 전인식 22표**, 채명신 2표, 회장에 전인식 연임 당선

1990. 3. 5

육참총장에게 발굴영현 이장 및 위패안치 신청함

1990. 4. 1

채명신, 이두병, 김한철의 전적비 건립 반대 괴 합의 각서 작성 사실 시인함

1990. 4. 3

조선일보, 경향신문, 강원일보 : 추모식 광경 크게 보도

1990. 4. 3

고 박종만, 김주현 중사 유족의 호적정리용 등 추가발행(전사확인) 요구

1990. 4. 3

'90년도 백골병단 출신 전몰장병 합동추도식 거행(5차 집행) 전적비 건립 공사장에서

1990. 4. 5

고 류동현 상사 90. 3. 15 군급 제2487호로 국립묘지에 위패가 이미 건립되었다는 확인 공문 접수

1990. 4. 7

노태우 대통령에게 6·25 전몰장병 발굴영현 이장 및 **위패안치 촉구**에 관한 탄원서 **친전으로** 발송

1990. 4. 11

703 특공 류해근 대령 동지회 방문, 발굴영현 안장에 관한 협의차

1990. 4. 23

발굴영현 이장과 위패안치를 육군본부에 요구함 (24명 연명으로)

1990. 5. 1

제 3 공병여단을 방문함. 공사계획 추진을 촉구함

1990. 5. 9

제1군사령부 공병참모 방문, 공사 추진을 촉구함 (전인식, 권영철)

1990. 5. 12

제 3 군단 공사관계자 회의 개최, 협의하고 기공식 5월 16일 11시로 합의함

1990. 5. 14

육군본부 군사연구실로부터 전적탑 건립사업 재승인이 되었다는 전화 통보받음

1990. 5. 15

육본으로부터 **백골병단전적비 건립계획 확정 통보를** 접수함 (군연수 제4508호)

위치 : 인제군 용대리 내설악 입구. 예산 1억 2,730만원 [**회원모금 4,200만원**, 군단지원 2,110만원, 육본지원 6,420만원(현금 4,380만원+자재 2,040만원)]

1990. 5. 16

용대리 현지에서 공사추진 협의 및 정식기공함. 공병여단장, 김주백 시설처장, 대대장 이 중영, 군사령부 공병의 설계기술자 2인

1990. 5. 16

(공사진척) 협의 후에 **김한철의 전적비 건립 반대 괴문서 및 투서형 서신을 3군단 공병여단장으로부터 입수함**

채 사령관 11R 장, 이두병 12R 장, 김형철(개명) 13R 장의 추천서 및 합의각서('90. 4. 1) 발견 및 5월에 군단장에게 보낸 투서 원문 내용을 입수

1990. 5. 17

매봉회 회장 손희선 장군과 회동 (전인식, 권영철 참가) 가든호텔옆 대관령갈비집에서

1990. 5. 17

11시 1군공병 장 장군으로부터 채사령관이 서명한 김한철의 투서, 군단과 동일한 것으로써 의견조정 없이는 착공이 곤란하다는 전화 접수

1990. 5. 17

12시 긴급이사회 및 회원 참여 채장군의 서명토서 합의차 소총회 소집 결정 (전화통지문 발송)
개최일시 1990. 5. 20. 16시로 함. 전화연락이 가능한 동지 모두에게 소집 통지 함

1990. 5. 17

13시 매봉회 손 장군에게 지원 부탁함

1990. 5. 17

19시 권영철, 최윤우, 최윤식은 개인자격으로 회장과 협의없이 채명신을 방문했다 함. <u>채명신은 합의각서 서명사실을 시인 했다 함</u>
(5월 18일 06시 30분 통보 받음)
채 장군께서는 합의각서 서명사실을 시인하고 그 행동은 5월말까지 기다리기로 했는데 미리 제출되어 혼란이 일어나게 되었다고 하며, 군사령관께도 직접 전화하여 오해 없도록 최선을 다하겠다고 하였다 함

1990. 5. 17

19시 황인모 고문과 함께 대책 협의함. 채 장군에게 공개 질의키로 함

1990. 5. 18

위패건립을 위한 제적등본 육군본부에 송부
허은구, 장동순, 신현석, 권욱상, 홍순기, 박만순 각 1부씩
정세균, 박종만, 김주현 진행 중임을 확인함

1990. 5. 18

16시 공병대대장 이상원 중령 기공식 관계 협의 및 **공사 집행 중지 지시**가 있었다는 통보 접수

1990. 5. 20

임시 긴급 이사회 및 회원 총회를 예정대로 개최함

① 진정의 괴문서를 채 장군이 취하원에 서명한 후 동지회에 줘 처리토록 하거나, 김형철 명의의 괴문서에 대한 공개질의서를 채 사령관에게 제출하여 그 회답에 따라 공개문책 처리키로 함

② 해명 및 진정 취하원을 채 사령관님으로부터 서명날인 받아 이를 관계당국에 제출키로 하되, 그 대표는 권영철 부회장과 최종민, 박승록, 유족측에서 권일상을 선출하고 5월 20일 중에 서명을 받되, 다른 회원은 집밖에서 결과확인을 위하여 끝까지 대기키로 함

③ 해명문에 서명하지 아니할 것을 대비하여 공개질의서 문안인 41 항에 합의하고 각 서명날인 또는 모인해 두고, 그 다음 3 단계로 최종에는 고발 등을 위하여 결의문 8 항을 만장일치로 채택하고 각 서명날인 보존키로 하다

이 날의 참석자

이사 : 전인식, 권영철, 신건철, 안병희, 최윤우, 권일상

회원 : 이명해, 장승현, 이남훈, 최종민, 장지영, 이익재, 박승록, 박정렬 여사

고문 : 황인모

위임 : 허재구, 김수창, 이운하, 박용주, 장동설 등 20 인

1990. 5. 20

채명신 합의각서 해명(잘못됐다고 함) 및 진정취하원에 자필 서명날인을 받음 (공개 규탄결의함)

1990. 5. 21

제 1 군사령관과 3군단장에게 합의각서에 따른 진정취하원 등과 함께 동지회 주요일지를 첨부 공문발송

1990. 5. 22

11시 육본 군사연구실 한 대령님으로부터 괴문서건 국방부에서 육본 관리참모부로 전달되었다는 통보 접수

1990. 5. 22

11시 김형철(金亨哲)의 주소를 속초 등지로 추적(전화)했으나 알 수 없었음

1990. 5. 22

12시 국방부장관과 육참총장에게 채명신 장군의 해명문서를 발송 함

1990. 5. 24

16시 특전사 민심처 정 소령으로부터 동지회원 20~30명 방문 초청

1990. 5. 25

14시 국방부장관에게 제출한 괴문서건 감사 01254-1132 ('90. 5. 23)로 진정회신 받음. 육군으로 하여금 참고처리 하라는 내용. 불문 한다는 뜻

1990. 5. 25

16시 3군단 감찰부와 군단장에게 보낸 공문 건 협의

1990. 5. 28

공병여단장과 기공식 일정 기타 재 협의 함

1990. 5. 30

육본 군사연구실 한 대령에게 김한철의 취하원 필요 여부를 문의함
불필요 완결하겠다는 전언 접수함

1990. 5. 31

군사령부 비서실장과 기공식 일정을 재협의함. 참모회의 결과보고에서 동지회측의 요구에 따라 집행하라는 지시가 있었다는 전언 접수함

1990. 6. 2

군단 공병여단장과 기공식 일자 재 협의함

1990. 6. 5

동지회원 51인에게 기공식 관계 기타 업무보고 공문 발송함 (90-6-2호). 군수참모부 급양근무과에 안장 3위 및 위패 23위 건 전화촉구

1990. 6. 5

전적비 모형 제작을 의뢰함 (개당 3 ~ 5 만원 정도)

1990. 6. 7

임시이사회 개최. 신건철, 최윤우, 안병희, 권영철, 전인식, 위임 권일상

기공식, 버스 기타 및 모형을 회비에서 처리키로 하고, 추가소요 협찬금 약 300 만원의 준비를 위하여 추가 및 신규찬조를 받기로 함

추가 : 신건철 30 만원, 안병희·최윤우 각 20 만원, 권영철·전인식 각 50 만원, 원응학(신규) 100 만원 등으로 충당하기로 함

이날의 석식비 17.5 만원은 회장이 부담함

1990. 6. 8

매봉회 손희선 장군 동지회를 방문함. 비 건립 설계 기타 협의 추진, 양 단체의 협력 방안을 협의함. 문안 기타 기공식 준비 진행의 건으로 약 2시간 대담함

책 10 권 기증함

1990. 6. 9

제 1 군 사령부를 방문, 이진삼 대장 참모총장 취임, 이취임식 인사차, 전인식, 권영철 참가. 모형 10개 제작 입고 중. 군사령관 실에서 모형 1개를 총장께 증정함

1990. 6. 11

임남옥 동지 협찬 10 만원을 접수. 동지들로부터 격려전화 다수 받음

건립관계 문안 최종 마무리 함 (심의기구 설치 예정)

1990. 6. 12

채명신 및 박창암 장군에게 기공식 참석 요청 전화함

<두분 모두 불참함>

1990. 6. 13

<u>14시 기공식 거행 함</u>, 약 150여명 참석, 12사단 오형우 장군 주관 별도로 건립지원금 300만원 군단에 추가 전달함

1990. 6. 13

08시 30분 기공식 출발함 (중앙고속)

참석자 : 황인모, 전인식, 권영철, 최윤우, 신건철 외 3인, 안병희, 류탁영, 장승현, 이명해, 박용주, 조영택, 장지영, 정규옥, 장덕순, 장동설 미망인 김여사, 장두순 씨, 안병희 형님 2, 이남훈, 윤범용, 최인태, 이익재, 박승록, 김용필, 박명서, 박창영, 류동현, 서원경, 양계탁, 류해근, 백행기, 국방 영화 팀 2인, 경향신문 기자 2 계 45인 외 12 사단장, 인제 군수, 재향군인회 지부장, 공병여단장 및 참모와 125 대대장, 군사령부, 군단, 사단 및 특공연대 고위장교 등 다수

1990. 6. 18

강원일보 : 전적비 건립 조감도 등 보도

경향신문 : 8단기사로 크게 보도

1990. 6. 21

군급제 6049 호 현규정 외 2인의 분묘이장 및 위패건립 22 위의 승인을 통보받음

1990. 6. 22

비문 기타 7종에 대한 문안 확정회의 개최. 23인의 심의 위원에게 공문 발송

1990. 6. 26

육본에서 현규정 대위, 이하연 소위, 이완상 중사의 안장 결정 통보 및 윤창규 대위 등 22위의 위패 건립통보 접수

1990. 6. 27

위패 건립 공문을 유가족 8인에게 보냄 (회장 서신 동봉함) 분묘 3 기, 위패 23 위 봉안 (류동현 이미 건립됨)

1990. 6. 28

인제군수로부터 개장신고 필증을 교부받고자 최윤우 이사 출장함

(현규정, 이하연, 이완상 건)

1990. 6. 30

전적비 비문 기타 심의회의 개최 (전인식, 권영철, 류탁영, 최인태, 박승록, 조영택, 박용주, 신건철, 안병희, 이익재, 최윤우, 장지영 12 인 참가)

심의 의결(만장합의)함. 채 사령관 사정으로 불참 통보. 10시경

1990. 7. 5

국립묘지 현충탑(위패실)에 22위의 위패 봉안 건립통보, 접수

1990. 7. 9

유가족 및 동지에게 7월 17일 위패봉안의 뜻을 전달

1990. 7. 12

각계 40인에게 위패봉안 추도식 거행 초청 발송

1990. 7. 12

국립묘지 관리사무소장(전례과장)에게 위패 봉안행사 협조 요청함

1990. 7. 16

참모총장님과 군사연구실장 오형근 장군으로부터 격려 서신을 받음

1990. 7. 17

국립묘지 현충탑 참배 및 위패 봉안 참배행사 (10시). 회원 32명 외 국립묘지 관리소장, 전례과장 외 직원 및 의장병, 보도진 5명 등 130여명 참가

1990. 7. 17

임시총회 및 이사 합동 회의 개최 (12시) (국립묘지 휴게소에서)

1. 비문(전사자 명단 및 참전자 명단 확정, 계급수정 및 위패와 같이 임시를 떼기로 합의)
2. 건립기 설명문 참전일지 확정
3. 채 사령관 불참 성토도 있었으나 만류함
4. 박창암 장군의 고문직 추대는 잘못이라는 회장단 인책 성토와 동시에 없었던 것으로 고문 취소 합의함

※ 박창암 씨는 참전동지회의 대한이 잘못이란 강력한 전화지적(7.16. 09:30분)과 김한철의 의견에 동조하는 등에 대하여 회원의 강한 반발이 있었음

1990. 7. 23

육참총장·군사연구실장에게 회신발송, 작전상황도판·민가의 철거건 의견 건의. 비디오 테이프 및 비문·건립

기 등 송부 수정을 의뢰함

1990. 7. 25

8시 군사연구실 이 중령 내전, 한석산은 이미 회답이 도착되어 심의했다 함. 백골병단 설계 등 조속 요청

1990. 8. 4

군사연구실장 오형근 장군으로부터 비문 등에 관한 회신 접수

1990. 8. 16

전국 70개 대학 ROTC 29기생 간부 170여명에 대하여 백골병단 전투개요 설명 및 전인식, 백골병단 공사장에서 특별 강의함 (결사 11연대 책 180권 기증함)

1990. 8. 22

고 현규정 대위, 고 이하연 소위, 고 이완상 중사의 국립묘지 대전분소 안장 통지 접수 (안장일 '90. 8. 30. 13시로 정함)

1990. 8. 24

국방부장관 참조 전사편찬위원회 위원장에게 전적비 비문 검토(고증)요청 공문 등기발송 ('90. 9. 5 까지 회답 요청)

1990. 8. 25

준공식 행사준비 및 전인식이 작성한 비문 등 확정을 위한 이사회를 회원총회와 함께 개최함

1990. 8. 28~29

전인식이 작성한 비문, 건립기, 참전자 명단, 작전요도 등을 공병여단에 전달하고 협의

1990. 8. 30

<u>현규정 대위, 이하연 소위, 이완상 중사의 안장식 거행</u>
(국립묘지 대전) 유가족 없어 전인식이 대리함
전인식이 유가족으로 참석, 권영철, 신건철, 조영택, 박승록, 류탁영, 이익재, 안병희 등 참가

1990. 8. 31

국방부 전사편찬위원회에 전적비의 비문과 내용 등의 고증 검토를 요청하였던 바(회신에) 별다른 의견 없다고 회답

1990. 9. 7~8

제3군단장을 예방(전인식, 권영철). 군단장, 12사단장 및 인접부대장 합동으로 현지에서 공사진행을 협의함. 일부 사양인 오석을 화강석으로 변경함

1990. 9. 12

시공부대 수재 위문함 (전우회 20, 전인식 20)

1990. 9. 17

비문 기타 문안 정서 (원촌 크기) 최인태 휘호 원문을 전인식이 군단에 인계함

1990. 9. 26

군단작전참모와 비문 정서문 협의(글씨체 등) 이의없이 전우회 안에 합의

1990. 9. 27

공병 125대대와 정찰대대에 전인식 사비로 추석위문

1990. 9. 27

703 특공연대에 전인식 사비로 추석위문

1990. 9. 28

현재 (주탑완성, "白骨兵團戰蹟碑" 비명 부착완료, 도로변의 조경은 특공연대에서 완료함)

제막행사비용 찬조자 (1차분) : 전인식 100만원, 신건철, 안병희 각 20만원 이익재, 최종민, 오봉탁 각 10만원, 최인태, 정규옥 각 5만원

임병기, 윤범용 각 3만원, 조중숙 2만원   계 1,880,000 납입 완료함

1990. 9. 28

임시이사회 개최, 준공행사비 850 만원 예산확정함

1990. 9. 28

임시이사회 개최, 준공행사비. 문안 기타 의결함

1990. 10. 4~5

현지 출장(전인식, 권영철), 자료 문안 기타 추진사항을 군단에서 고위 회담 개최 합의함, 이천의 석재 조각 실태를 출장(전인식, 권영철) 확인함

1990. 10. 4

정선군 정선읍 거주 배선호 동지(13R 출신) 용대리에서 첫 상봉, 참전사실을 확인함

1990. 10. 8

육군 특수전사령부 관계관 전인식 사무소 내방, 초청행사 협의함

1990. 10. 10

육본 군사연구실 이 중령으로부터 제막식 일정 결정 통보

받음

제막식 : 1990년 11월 9일 14시 30분 ~ 15시로 결정함

1990. 10. 12

특전사 방문 18인 참석, 전인식 서완수 사령관과 함께 의장병을 사열함

1990. 10. 14

3군단 인사참모 전인식 사무소 내방, 초청장 안 및 행사일정 협의함 (전인식, 권영철)

1990. 10. 16

<u>조중용, 정윤철, 이석순, 황경덕 전사확인</u> 통보 받음

1990. 10. 18

전인식, 채명신 씨와 오찬회담(힐튼호텔). 전적비건립공사 진행상황을 보고하고 공사진행 사진설명

1990. 10. 24

전적비 공사현장 출장(전인식, 권영철) 부군단장(민병선 소장), 참모장 외 진행 협의함

1990. 10. 31

특전사 3여단 **안보 특강 2시간 전인식**. 사진확대물 9점, 5만분의 1 지도 1부, 특전사 전시용으로 기증함

1990. 11. 1

건립 공사현장 출장, 군사연구실장 오형근 장군, 한 대령에게 설명함

1990. 11. 2

　이두병·이명우 등에게 초청전화 및 초청함 (회장 직접)
비회원(참전자) 8인에게도 초청장 발송함

1990. 11. 7

　국방부 공보관실 방문, 출입기자단에게 전적비에 대하여 설명 (전인식, 권영철, 신건철)

1990. 11. 8

　준공식 준비차 회장 선발로 강원도 출장, 현장정리 및 진행협의(비가 많이 옴)

1990. 11. 9

　11시 기자단과 인제읍에서 협조 인터뷰 (전인식)

1990. 11. 9

　〈白骨兵團戰蹟碑 제막〉

　<u>백골병단 전적비 제막식 거행 (15시).</u> 동지회 대형버스 4대, 봉고 3대, 승용차 21대 참가인원 300여명, 군관계관 및 내빈 등 200여명, 참모총장, 1군 참모장, 육본 인사참모부장, 군사연구실장, 군단장, 인접 사단장 등 장성 10여명과 이병형 전쟁기념사업회장, 강원도지사, 교육감, 경찰국장, 안기부 실장 등과 주민대표, 학생 등 800여명 참석리에 성료됨

　<개식 11. 9. 15시, 종료 11. 9. 16시 40분경, 준공식 행사비용 1,300만원 상당은 동지회가 부담함>, <u>KBS TV, MBC TV 각 언론사 10여개 보도.</u>

　<특전사에서 인제 신남까지 헌병 선도, 음료수, 빵 등 지원을 받음. 인사 및 민심참모(대령) 참석함>

1990. 11. 9

동아일보, 중앙일보, 경향신문, 강원일보 등 7단 반면 크게 보도

1990. 11. 10

조선일보 3면 : 백골병단 기사 5단 크게 보도,
세계일보 : 7단 기사 크게 보도

1990. 11. 12

기념품 추가 발주 100개, 부족으로 인함 (당초 380개 제작함)

1990. 11. 14

평화통일신문과의 인터뷰 (회장)

1990. 11. 15

제일경제신문 편집국장과의 인터뷰 (회장)

1990. 11. 16

공병여단장 김수웅 대령 행사종료 협의차 내경 회의 (전인식, 권영철)

1990. 11. 22

행사종료 결산 및 상황 보고공문 발송함

1990. 11. 22

KBS Ⅰ 라디오 **AM · FM 전인식 방송 인터뷰**,
'90. 11. 29. 18 : 35분 ~ 18 : 55분 방송

1990. 11. 30

제 3 군단 방문 관계참모에게 감사인사 (전인식, 신건철)

1990. 12. 1
제 12 사단장 방문 감사패 전달

1990. 12. 10
1군사 이문석 대장 방문 (전인식, 권영철, 신건철) 감사패 전달

1991년

1991. 1. 17
참전 40주년 행사 및 총회소집 통지, 초청장 256매 발송

1991. 1. 28
비디오 13종을 1시간 55분으로 압축편집(종합판)함

1991. 1. 30
'91년도 정기총회 개최 (육군회관에서)

1991. 1. 30
침투작전 40주년 기념 리셉션 개최. 약사(略史)보고 및 '91년도 총회(육군회관에서)
회원 40명, 가족, 유가족, 내빈 130여명 참석

1991. 1. 30
본회 총회에서 이진삼 총장에 대한 공적비 건립 만장일치 가결됨

1991. 2. 19
참전전우 (비회원 포함)로서 전공기록을 91. 3. 15 까지 통보할 것을 요구

1991. 3. 12

12연대 출신장병 본회 방문. 전공기록의 협의차(조영택, 신건철, 안병희, 이익재, 박용주, 이남훈, 송세용, 권두식, 이희용, 신영기 등)

(12연대의 '51. 2. 7~2. 20까지의 작전행로 불일치 조정 회합임) 당일, 이두병 동지에게 고증을 요청하고자 「송세용, 이남훈, 권두식」 등이 이두병씨를 방문함

원응학 동지 본회 방문 운영 협의 함(참전 당시의 증언 첨가)

1991. 3. 15

이두병(12연대장), 권두식, 이남훈 등이 작성 서명한 참전자료를 권두식 동지가 지참 내방함(녹음테이프는 상태 불량으로 재수록하지 못함)

1991. 3. 30

특전사 33주년 기념행사 초청 회원 등 25인 참가 축하

1991. 4. 10

참전 91-4-1 육참 총장, 3군단장에게 공적기 각자 건 공문 발송

1991. 5. 1

703 특공연대 8주년행사 참석 격려

1991. 5. 1

803 정찰대 방문. 이천석재에 전적비 각자(刻字)원고 인계 및 계약

1991. 5. 2

회원에게 40주년 행사 및 총회 결과보고

1991. 5. 8

애국 단체장 조찬회 모임 회장 참석 (90여 단체 참가)

1991. 5. 11

임시총회 개최(26명 참석). 현충일 행사 예산 190만원, 참전자 추가 조각의 건 합의

1991. 5. 16

전적비 낙수 (결사 제11연대 부록) (전인식 편) 비매품 발행   <책7권째>

1991. 5. 17

군사연구실 백 중령, 강 대령 전적비의 향후 관리 협의

1991. 5. 18

「임진강에서 내설악까지」전인식 저 발간함 <책8권째>

1991. 5. 20

특공 류해근 대령 및 군단 민심처장 6. 6 행사 건 협의내전

1991. 6. 6

제 36 회(본회 6 회) 현충일 추모 행사 (용대리에서) 군단장 편장원 중장, 12 사단장 오영우 소장 외 내빈 및 회원 등 300여명 참석 성료

1991. 6. 12

전사에 남을 **백골병단의 용맹** (국방일보 : 4면 전단보도)

1991. 6. 15

유격대 참전자 명단 확인요구 공문발송 (15, 16, 특별연대까지 전원)

1991. 7. 16

육군참모총장에게 등기로 참전사실 확인 증명원을 발송함

1991. 7. 30

육군참모총장에게 전적비 보수공사 지원을 요청하고 그 뜻을 회원 모두에게도 통지함 (100만원은 본회가 부담하기로 함)

1991. 9. 17

이진삼 총장에게 6·25 참전사실 확인증명 요구 독촉을 겸한 공문 발송함

1991. 10. 2

추석 및 국군의 날을 맞아 전적비를 참배하고 추가명단 첨부도 확인함

1991. 11. 14

육본 부관감실에서 총장 재가필 통지(6·25 종군기장 수여를 국방부장관에게 상신한다 함)

1991. 12. 10

육군본부로부터 민원회신 접수, 참전증명 대신 종군기장 수여를 국방부에 건의했다 함

1992년

1992. 2. 29

전인식이 작성한 청원서 문안 수정 소위원회 개최

1992. 4. 16

육군본부 전사 자료 회신 접수. 청원서 처리촉구 내용증명을 발송함

1992. 5. 11

현충일 행사 및 대책과 소송준비회의 개최. 14인 협의 소송 출연금 약속 250만원

1992. 5. 13

육군본부로부터 국방부의 뜻으로 91. 11. 14 건의한 종군기장 수여가 불가하다는 통보 접수

1992. 6. 6

본회 제7회 현충일 추모행사 거행 및 전적비 계단일부 보수 완료함

많은 동지 유가족 및 12사단장 오점록 장군, 3군단 참모장 등 280여명 참석

15시경 강원도 명주군 연곡면 퇴곡 2리 1반 박대수(82세), 연곡면 삼산리 거주 피흥섭(77세), 퇴곡리 거주 김상수(73세)(강릉 경찰 출신) 등을 상봉하여 '51. 2. 14~16, 18일, 20일경 각 3진이 퇴곡리에 왔으며, 그들은 충청도 경찰 출신이라 했다 함. 짐을 지고 따라 간 청년 10여명 등은 돌아오지 못했다는 증언을 확보함

1992. 6. 9

김한철 건으로 육본으로부터 전화 3시간 이상 받다

1992. 6. 10

나와 6·25, 못다핀 젊은 꽃, 백설의 장정, 백골병단, 결사 11연대, 임진강에서 내설악까지 등 각 2부를 군사연구실에 자료로 송부함

1992. 6. 16

김한철 건으로 150페이지에 이르는 자료를 육본군사연구실에 송부 함

1992. 6. 24

2307(3군단) 부대장 이·취임식 참가. 기념품 증정 (전인식, 권영철 참석), 신임 **김종배 장군**, 8군단장, 2군단장 등 군 장성 상봉

1992. 6. 25

703특공 2대대 부대명 "설악산 백골대대" 명명식 참가, 대대장 박석태 중령 격려금 전달, 2시간동안 전 장병에게 전인식 특강 실시

1992. 7. 11

국군 정보사령관에게 참전자 명단 등 자료협조 요구 공문 발송

1992. 7. 15

703특공 본부에서 전인식 침투교육 강의 요청에 응하여 출장함. (신건철 동행)

1992. 7. 15

구룡령 입구에서 강원도 홍천군 내면 외청도리 거주 최태원씨(77세) 상봉. "51. 2. 25~28일 당시" 연대본부가 있던 가옥의 주인을 우연히 상봉(금일봉 사례)

1992. 7. 18

육군본부 부관감실로부터 '92. 6. 18일자 인사기록요청에 대한 회답을 접수함

1992. 7. 27

육참총장 (참조 군사연구실장)에게 유격참전 92-7-10호 전사기록 협조요청 및 의견진술 공문 발송

1992. 8. 8

국군정보사령부(국군 제9033부대)로부터 민원사안처리 회신을 받다. 이 사령부의 전신은 미 8군 정보연락장교단으로 여기에도 자료는 없다고 함

1992. 8. 24

문화부에 김한철 책의 부정 간행물에 대한 질의(자유사 박창암 대표건)

1992. 8. 31

육본 김한철에게 참전자 일동의 확인만이 전사 자료가 된다고 육본에서 FAX로 통지가 오다

1992. 9. 2

<u>이두병씨는 김한철씨에게 확인서</u> 등을 작성해 준 사실이 없다고 하며, 박창암씨와 2회 상봉했는데 그때 길원팔 생포건을 질문하기에 12R에서 잡아온 것을 채 중령에게 넘겼다는 것 이외에 누가 실제 잡았는지는 모른다고 했다는 등의 발언과, 전회장이 전적비 건립에 정말 수고가 많은 것은 내가 다 아는 것 아닌가 운운

1992. 9. 3

육군본부로부터 김한철, 이두병 등의 진정서 관련 사본 1부 91매 외에 UN군 유격전 관련자료를 송부 받다

1992. 9. 5

긴급 참전자 총회 개최. 이 회의에 채명신 도착 지연으로 15시 40분 개최, 채명신은 16시 35분 다른 약속을 이유로 이석함. 참전동지회의 방해 동지(이명우, 이두병) 참석함(회의광경 비디오 촬영 2개)

1992. 9. 10

문화부장관으로부터 김한철 부정 저작물이란 회신을 접함

1992. 9. 27

종로구청장으로부터 김한철 부정 저작물 등록 미필 도서로서 위법 조치하겠다는 회신 접수.(과태료 처분)

1992. 10. 29

육군참모총장에게 참전자총회 사진, 전사자료 "영광의 얼" 송부

1992. 10. 30

"영광의 얼", "임진강에서 내설악까지" 발간 보급함
(전인식 저)   <책9권째>

1992. 12. 7

703 특공연대장 이·취임식 참석(감사패 증정 및 지휘봉 증정)

1993년

1993. 2. 26

'93년도 총회를 개최함 (전사편찬 특별위원회 설치안 가결 등)

1993. 3. 20

육군 총장, 국방부장관, 총무처장관, 정보사령관, 군사연구소장 등에게 전사편찬 자료 협조 요청 공문 발송. '93. 4. 20 까지 회신요망 했음

1993. 4. 2

13연대 부연대장 연락병 출신 신진호 씨 내방 **길원팔 생포 증언 청취함** (진술서 확보 했으나 내용미심)

1993. 4. 7~8

용대리 전적비 현장에서 개선 42주년 기념식수 총 2,229본 (970만원 상당)을 식수함. 동지회에서 800만원 거출 충당함 (전인식, 권영철 각 270만원, 김용필 100만원 상당. 특별찬조 외 동지 참여함)

1993. 4. 24

백골병단 전사편찬 특별위원회 회의 개최. 본인참석 22인, 위임 5인 계 27명 참석 의결함

1993. 4. 30

박창영(고 일중 박종만의 자)의 원호 비대상 결정의 심판 청구. 전인식이 원호처 의정부지청에 제출함

1993. 6. 4

'93년도 (제 8 회) 합동위령제 봉행 제 3 군단 부군단장 외 내빈 등 400여명 참석 성료함

1993. 6. 12

임병화 전우(13R) 방문 13연대의 전투 관계 증언 청취함

1993. 6. 15

국군방송 KBS 제 1 라디오 AM, FM 대담방송 20분(전인식 출연)

1993. 6. 17

전인식 KBS 제 1 라디오 20분간 6 · 25 대담방송 (FM, AM)

1993. 6. 24

동해 22사단 김명세 장군 방문, 반공 안보 특강 함(전인식) (권영철 참가함)

1993. 7. 21

육본 군사연구실 담당관 서 중령 증언 청취 차 내방. 군사연구실장의 감사패 전달 받음

1993. 7. 27

<u>백골병단 전사</u> 42년 7개월만에 역사적인 발간 (참여전우 47명) <책10권째>

1993. 7. 30

백골병단 전사 341부 기증 발송 대통령 1,000/1호 외 341호. 기증발송

1993. 8. 3~6

전적지 확인 답사(전인식, 권영철, 류탁영) 703군인 중 상사 2인 동행

퇴곡리, 신배령, 목백동, 청도리, 광원리, 방동, 상치전, 하치전, 설악산 백담사를 탐사함

1993. 8. 6

제 3 군단장 김종배 장군 예방 오찬 대접 받음

1993. 8. 11

경기남부지회(신건철 회장) 모임. 전인식, 류탁영 참석 성료. "스폰서" 이영구 회원

1993. 8. 20

대한민국 참전단체 총연합회 창립 축하(권영철 부회장 참석)

1993. 9. 10

"백골병단 전사" 출판 국립중앙도서관에 납본<책11권째>

1993. 9. 23

육본 군사연구실로부터 결사 제 12 연대 출정 당시 (1951. 2. 7) 육해공군 총 참모장 정일권 장군이 직접 부대를 사열하는 사진 등 6매 송부·확인함

1993. 9. 24

권영철 부회장과 12 연대 참전 당시의 사진을 확인함. 12 연대원에게 전화로 소집 통지 및 이두병씨와 전화로 증언 확인 청취함

1993. 9. 27

참전장병 제12연대 안병희, 이익재 등과 12연대 출동사진 정일권 등 사진 6매를 검증함. 육본 서 중령 사진지참 방문

1993. 10. 24

제례용 대형 향로 전인식이 사비로 구입

1993. 11. 1

육참총장에게 6.25유격 전사자료 협조 요청

1993. 11. 8

군사연구실장으로부터 6·25 전사자료 각종 전투 및 정보보고(중동부 전선 정규군인 사단·군단의 정보보고 및 작전일지 등) 사본 송부받음

1993. 11. 11

백골병단 전사 추록 Ⅰ, Ⅱ 발간 12연대 출동사진 6매 등 포함 <책12, 13권째>

1993. 11. 22

육참총장에게 6·25 당시의 작전·정보 기록물(비밀 2급) 열람을 요청함

1993. 11. 25

국가보훈처장 박창영(박종만 중사의 자)의 유가족 등록 **거부 취소 행정 심판 승소** 심판서 도달(전인식이 심판청구한 것)

1993. 12. 15

전인식, 권영철 육군본부 자료(Ⅱ급 비밀문서 등) 조사차 육본 군사연구실 방문(1951년도, 비밀자료 다수 확보함)

1993. 12. 22

이극성 장군(당시 정보국 3과장으로 우리들 편성 실무 책임자)과 참전당시의 회고, 증언 청취 및 협의

1994년

1994. 1.

빨치산 5지대 참모장 인민군 총좌(대좌)(팔로군 출신, 외팔이)
강칠성(姜七星)의 국기훈장 3급 이극성 장군으로부터 입수하여 전쟁기념관에 기증 전시함

1994. 1. 27

뉴스피플 : 특종 채명신 장군, 빨치산 동생 삼아 교수로 키웠다 (3면)
장군의 비망록「채명신 장군 편」(채명준(최준결) 건도 함께 수록)

1994. 2. 23
전쟁기념관으로부터 전인식·이극성 전시 자료 기증서
(전인식 임관사령장, 제대증 등) 접수 (94-17, 18)

1994. 6. 4
제 9 회 합동위령제 봉행, 군단장 이규환 중장, 12사단장, 인제군수, 교육장, 경찰서장, 인재군 의회의장, 도의원, 학생 등 300여명 참석리에 성료됨

1994. 6. 8

국방일보 : 7면에「역전의 노병」호국영령 위훈기려

1994. 6. 8

KBS FM 97.3 MHz 추모제 대담 방송 (전인식)

1994. 6. 11

국방일보 : 5면에 6·25 특집 「**빨갱이 잡는데 인권 필요 없어요**」

1994. 6. 13

특집 적진교란 아군 대공세 전기 국방일보 「**빨치산 지휘부 섬멸**」

1994. 6. 24

전인식 부산 육군 군수사령부(사령관 중장 최경근) 안보 특강 실시

1994. 7. 27

「설악의 최후」 한국전쟁수기 전인식 저 발간 <책14권째>

1994. 9. 6

국방부장관에게 **6·25 참전사실 확인 신청**(52명 연명으로 제기)

1995년

1995. 1. 13

전적비 부지 임야 44,307 m² 중 **4,928 m²(약 1,490.72 평) 국(재무부 → 국방부)로** 관리변경 확인. 용대리 산 250의 2 ['91. 7. 11 관리환 결정(별도 보관)]

1995. 2. 3

육군 참모총장으로부터 **전사확인서 김정기 대위 등 25명의 통보** 접수

1995. 2. 25

'95년도 정기 총회를 전쟁기념관에서 개최함

1995. 2. 27

전사자의 위패봉안 요청 회신 접수 (육참총장으로 부터)

1995. 3. 14

국방부장관에게 참전사실확인서에서 누락된 것의 정정발행을 요구토록 회원에게 알림

1995. 4. 17

특전 11공수여단 **류해근** 여단장 위문 겸 안보 특강 2시간 · 부대장병 위문함 (전인식, 권영철)

1995. 5. 2

참전장병 추대패 62개 제작 각 교부 및 송부

1995. 5. 30

국립묘지 관리사무소로부터 일등중사 장국환 등(김정기 포함) 위패봉안 25명 확인 통보 접수

1995. 6. 1

5사단에 입대한 나의 막내(상욱)를 격려하기 위해 장병에게 안보강연을 하고 도서기증 (419부 정가 3,161,700원 상당)

1995. 6. 2

'95년도 (제10회) 현충추모 행사 거행 용대리 현지에서 거행함

1995. 6. 21
현규정 대위 외 2인의 국립묘지 안장 회답. (육군참모총장)

1995. 6. 28~29
3군단 특공연대 및 정찰대대 특강 각 2시간씩 (전인식)

1995. 8. 21
국가보훈처장에게 청원서 제출

1995. 8. 31
민원 회신 접수. 김수창 부상 인우보증 진술함

1995. 10. 6
김영삼 대통령에게 상소문 발송

1996년

1996. 2. 24
96년도 정기총회 개최

1996. 5. 10
호국정신 선양운동본부(백선엽)로부터 추진위원 위촉을 받음

1996. 5. 18
전적비 진입 계단보수공사 (500,000원 상당)

1996. 6. 5
제 41 회 (본회 11회) 현충추모식 거행

1996. 6. 7
뉴스피플 : (26, 27면) **한국최초 게릴라부대 한 맺힌 전투** (특집) (채명준 건)

1996. 6. 8

국방일보 :「전우여 고이 잠드소서」크게 보도

1996. 6. 28

국방일보 : 4면 8단 기사「**나는 이렇게 싸웠다**」(특집)

1996. 7. 7

청원서 김영삼 대통령에게(친전) 발송

1996. 9. 3

육군총장의 민원 회신 (청와대에 낸 것에 대한) **전인식, 교육원 등 모든 강의 종강함**

1996. 11. 6

침투 잠수함 도주관련 특공부대 위문 (전사자 및 부상자 조의 및 위문)

1996. 12. 13

<u>허재구 부회장 사망</u>, 조문함

1997년

1997. 2. 21

긴급합동 임원회의 개최(예산 및 결산 포함)

1997. 3. 5

참전전우 일동, 6.25 참전유공자 증서 김영삼(대통령 명의) 받음

1997. 4. 8

전적비 주위 조경 보수 (500,000원)

1997. 4. 21

전적비 보수 계약체결 12,000,000원 (착수금 3,600,000원 송금)

1997. 5. 17

소송준비금 6,700,000원 공사비로 전용 결의·집행

1997. 6. 4

제 42 회 (본회 12회) 현충추모행사 거행 및 정기총회 개최.

1997. 6. 4

「백골병단 전투상보」 전인식 저 발간 함 (한국군 최초의 정규유격대) <책15권째>

1997. 6. 17

국방일보 : 전우회에 대한 기획기사 「구국일념으로 젊음 불태웠다」

1997. 6. 28

화순 동복유격대 교육대에 백골병단 전투상보 24부 기증

1997. 7. 3

국방부장관, 국가보훈처장에게 명예회복 관련 진정서 제출

1997. 7. 9

국가보훈처 전적비관리에 대한 민원 회신 접수

1997. 7. 24

국방부 백골병단 영상홍보물 제작 승인 통보 받음

1997. 8. 1

전사자 위패봉안 추가 4인 요청(조중용 외)

1997. 8. 7

국방부 민원회신(소급포상은 불가하다는 회신)

1997. 9. 5

위패 봉안 신청의 건, 설치 완료 후 통보하겠다함 (국립현충원)

1997. 9. 30

<u>국립현충원 위패 안치 완료 통보접수.</u> 이 사실을 회원에게 보고(조중용, 정윤철, 이석순, 황경덕 포함)

1988년

1998. 2. 21

전적비 유지관리기금 출연 기타 회의 개최(헌성록판 설치 포함)

1998. 4. 14

전적비 유지관리에 관한 청원 국회 국방위원장 외 10개 기관에 발송

1998. 4. 15

예산지원 없는 전적비 관리는 누가 해야 하는가 (언론기관 배포)

1998. 4. 20

국가보훈처 전적비 관리 회신 (2307부대와 인제군청과 협의 계속함을 희망한다는 내용의 회답)

1998. 4. 22
국방영화「이한몸 다 바쳐」제작 관련 협조 요청

1998. 4. 27
백골병단 현충추모 행사의 건(3군단장에게 요청)

1998. 6. 3
상업은행에 신탁 예치 1,800 만원

1998. 6. 5
제43회 합동위령제 거행 및 기록영화 제작 지원 904,000원

1998. 6. 9
환경일보 : 백골병단 특집「포로의 대우조차 못 받았다」

1998. 6. 20
국방일보 : 기획기사 4면 전단「**오직 조국 위해 싸웠어요**」

1998. 6. 25
서울신문 : 사회 Ⅱ면「**사선 넘은 전우 명예 찾아주오**」

1998. 8. 26
국방일보 : 반면「**참전노병, 전적비 영구관리 기금조성**」

1998. 9. 3
「백골병단 전투상보」701 특공연대에 기증 80부 보냄

1998. 12. 18
국방영화「이한몸 다 바쳐」전적비 앞 촬영 23명 참석

1999년

1999. 2. 26

배포처(전 관련기관 및 언론사) 6·25 한국전란이 할퀴고 지나간 상처입은 참전자(북파유격군)의 보상은 누가 하는가. (51명 연명 청원 결의)

1999. 4. 26

미국 Mr. Edward Evanhoe 씨에게 "백골병단 전투상보" 보냄

1999. 4. 30

전적비 관리 헌성록 비 동판 제작 (전우회 지원 600,000원)

1999. 5. 6

백골병단 합동위령제 거행 계획 통보 (3군단 외 기관 및 회원에게)

1999. 5. 11

류해근 장군 위령제 찬조 헌금 30만원 보내옴

1999. 5. 15

이극성 장군 상봉, 국방부 회신에 대해 협의함

1999. 5. 20

백골병단기(30만원), 배지 100개 제작 (전인식 자비로 제작)

1999. 5. 20~21

본회 회장실에서 「일요스페셜」 촬영

1999. 6. 1

국방부장관에게 '99. 5. 13 자 민원회신에 대한 **청원을 내용증명으로 발송**

1999. 6. 1

빠른 우편으로 19개 언론사에 "포로의 처우조차 받지 못한 정규유격군의 대우는 누가 해야!!" 발송

1999. 6. 4

(개선 48주년) 현충 추모행사 거행 및 전적비관리기금 헌성록비 제막

백골병단 기(旗) 특공2대대장에게 인계함

1999. 6. 5

전적비관리 헌성록 비 석조물비(전우회에서 부담 백만원)

1999. 6. 6

국방일보「호국군신 위훈 영원히 계승」(참전동지회 기사)

◎**1999. 6. 6**

20시 KBS 1TV「**일요스페셜**」백골병단 관련 7분간 방영함

◎**1999. 6. 25**

KBS Ⅰ FM, AM 으로 6·25 회상 **대담 방송 30분** (전인식 회장 참여)

1999. 6. 25

KBS Ⅰ TV 14시부터「이한몸 다 바쳐」방송 57분간

1999. 8. 6

국방부장관(인사근무과장)에게 결사 15, 16, 특별연대 참전경과를 통보함

1999. 8. 10

<u>한갑수</u>, <u>이명우</u> (본회에 반대한 자) 참전확인건으로 본회에 내방하여 참전 확인을 요구함

1999. 8. 13

국방부 인사관리과 이 중령으로부터 전화 인사국장이 긍정적으로 검토 처리토록 지시 받았다고 ……

◎1999. 8. 16

「알섬의 갈매기는 왜 우는가!」KIRKLAND 관련기록물 출판 원고 완료.

1999. 8. 17

결사 제 16 연대 출신 최동수 참전사실확인서 (명단 19명) 관계로 내방 교부해 줌

◎1999. 8. 23

잊혀진 전쟁 실화 누구를 위한 적진 800리의 혈투인가! 발행   <책16권째>

1999. 8. 31

알섬의 갈매기는 왜 우는가! 발행 <책17권째>

1999. 8. 30

차주찬(11R 1대대) 이중 재입대(예 육군 소령, 갑종 70기) (광명시) 방문 참전증 신청, 보증서 교부

1999. 8. 31

알섬의 갈매기는 왜 우는가!, 누구를 위한 적진 800리의 혈투인가! 발행

1999. 9. 1

터키참사 의연금 10만원 한국참전단체 총연합회에 송금(헌금)

결사 유격 제11연대 차주찬(車周燦) 중사의 참전사실 확인 신청

1999. 9. 4

"알섬의 갈매기" 외 1종의 책 "대통령 외 51개 기관"에 등기로 기증 발송함

1999. 9. 17

참전단체 총연합회장에게 회원현황 보고함(총 127명) (한참총제99-34호) 당초는 48명이었음. 참전장병(48명), 유가족(11명), 추가확인자(30명), 커크랜드 24명, 커크랜드 주소불명 14명 등

1999. 9. 27

태극단 합동추모식에 조전 + 10만원 헌금

1999. 10. 4

백골병단 · 커크랜드 참전 전우 소집통지 100명에게 발송(비용 전인식 부담)

초청자 9명 별도 발송. 집합 행사일자 : 1999. 10. 22. 11시 전쟁기념관

1999. 10. 22

합동총회 개최(백골병단+커크랜드부대)

백골병단·커크랜드부대 출신 장병(결사유격 제 11, 12, 13, 15, 16, 특별연대) 대한유격참전동지회로 통합하고 회장단 임원은 임기만료까지 유임하기로 의결했으나 이들을 제외함

1999. 10. 26

결사제12연대 출신 **김도중**씨 참전사실 확인 신청함

1999. 11. 5

결사제12연대 출신 **김송규**씨(완주군 출신) 본회 방문 (신규)

1999. 11. 16

전인식, 권영철, 안병희 '99. 6. 1 **청원서의 처리촉구 내용증명 우편** 건 합의

1999. 12. 14

이진삼 장군 「책략(策略)」 출판기념회 참석(전인식, 권영철, 최윤우, 안병희, 이익재, 최종민, 임병화 참석)

1999. 12. 23

국방부 인사관리과로부터 16연대 참전사실확인서 19매 송달됨(소속 : 백골병단으로 참전한 것으로)

2000년

2000. 2. 2

유격참전 00-1-6호 **이남표** 동지의 참전사실확인 신청함

2000. 2. 25

대한유격참전동지회 2000년도 정기총회 개최(서교호텔 별관 연회실)

2000. 3. 3

총회결과를 회원에게 보고, 수첩 교부. 단, 주소회신 없는 전우 우편발송 보류함

2000. 3. 4

신건철 본회 부회장 사망

※ 2020. 6. 25 화랑무공훈장 추서받음

2000. 3. 5

경북 청송군·읍 부곡 1리 119 **서성초**(13R 출신이라 하는데?). 최종민, 임병화 동지와 함께 방문(점심 접대 회장 부담)

2000. 3. 22

재향군인회에 본회 회원명부 제출 회원 105명, 유가족 회원 11명 계 116명

2000. 3. 30

전사확인 신청 재제출, 김원배 대위, 박기석, 이충구, 임경업, 박종수, 천영식(6人), 입증인 (전인식, 최윤우, 임병화 입증)

2000. 3. 31

6·25 전쟁 50주년 중앙기념행사 참석자 5명 통보 및 "썰러마" 등 외국인 4인 참전자 신청함

2000. 4. 24

육본 부관감실 전사망담당관(505-1625)으로부터 전사자 신청 6인 결제중이란 전화(2000. 4. 27 전사확인 됨) (김원배 대위 등 6인)

2000. 4. 27

류해근 특전사령관 취임식에 회장 초청 참석. 권부회장 등 동참

2000. 4. 28

<u>10시 20분~15시 우리 전우회에서 **전공심의위원회를 개최**</u>하다. 위원 10인중 9인 참석(위원장 : 권영철)

2000. 5. 15

국가보훈처(제군35750-532호) 참전기념행사비 지원 통보를 받음(300만원)

2000. 5. 20

육군참모총장 **고 김원배 대위 외 5인 전사확인서** 정정발송 접수함

2000. 6. 3

개선 49주년 합동위령제 거행. 용대리 전적비앞 광장에서 거행 참가 300여명

2000. 8. 8

확대간부(이사·회장단) 회의 전쟁기념관에서 개최, **유격단체로 통합함에 적극 반대**키로 의결함

2000. 8. 9

임시대위 김원배 외 5人의 위패안치 행사비 지원 요청함

2000. 8. 31

이윤희(특별R) 장군 참전신청서 국방부에 제출함

2000. 9. 2

추석절 유공자에게 추석선물 보냄(군부대 위문 포함)

2000. 9. 7

위패봉안행사 거행(보훈처에서 위패봉안 행사비 300만원 지원해 줌)

2000. 10. 1

국군의 날 행사에 초청받아 회장, 계룡대를 방문

2000. 10. 5

위패봉안행사 결과 보고(총집행액 3,305,210원) 영수증 원본을 송부함

2000. 10. 10

전적비에 있는 전사자 명판 1판 교체 제작첨부 함 (대금을 이천 석조석재에 송금)

2000. 11. 16

박부서(대북공작대 전우회장)씨 본회 방문 대책 요담

2000. 11. 18

충남 공주에서 결사 11연대 소위 **황태규**씨 (신규) 방문 요담(배석 최윤우 부회장)

2000. 11. 21

회원, 유가족 등 99인에게 임시 총회 소집통지함(임시 총회 2000. 12. 15. 11시 한식 "가회"에서)

2000. 12. 1

결사11연대 출신 **강오형**, **조규철**, 최인태 감사와 함께 (신규) 방문, 참전증 신청함

2000. 12. 15

임시총회 개최 ① 개선 50주년 기념사업은 2001년 6월 현충행사를 크게 하는 것으로 의결하고, ② 2001년도 예산은 2000년도 예산에 준하되 기념사업의 특별이벤트는 회장단 회의에서 결정하기로 하고, ③ 본 회의 명칭은 ◆ "백골병단참전전우회" 로 변경하기로 의결함

2000. 12. 18

임시총회 결의문과 전우회 명칭 변경공문을 대통령, 국회의장, 정당 대표 및 국방부 보훈처 등 76개 기관에 발송함

2000. 12. 23

국회의장실에서 국방분과위에 넘겨 처리토록 했다고 전화 연락받음

2000. 12. 27

육군군사연구실 김 중령으로부터 단체 명칭 변경 건으로 전화

2001년

2001. 1. 3

국가정보원 제대군인 담당관과 전우회 관련 신분문제 등 전화협의 1시간 정도 통화(긍정적임)

2001. 1. 8

16시 군사연구실 최대령(과장)으로부터 전우회관련 전화 협의

2001. 1. 29

병단참전제01-1-2호 참전단체 기념행사 지원계획에 따라 국가보훈처, 재향군인회에 행사비 1,775만원중 500만원의 지원을 요구하는 공문 발송함

2001. 1. 30

병단참전 제01-1-3호 **육군참모총장에게 채명신 중령 외 21명의 훈장수여를 상신함**

2001. 2. 17

2001년도 정기총회 개최(서교호텔 사파이어 룸)

2001. 3. 23

개선 50주년 기념사업 추진 · 집행위원회 개최 (한정식 "가회"에서)

2001. 3. 31

류해근 특수전 사령관 50주년 행사 찬조 지원 50만원 본회에 보내옴

2001. 4. 17

참전단체 행사지원계획 향군조제 591 (2001. 4. 13) 300만원 지원 통보 받음

2001. 5. 7

국방부 군사연구소 담당관에게 백골병단 전사자료 및 사진류 제공

2001. 5. 14

적진 800리의 혈투 참전개선 50주년 기념작 출판

<책18권째>

2001. 5. 15

특전사 초청행사 참가(역사관에 백골병단 관련 문건 액자 모형 등 기증함)

2001. 5. 18

전적비 비문 2쪽, 공적기(이진삼) 1쪽, 참전자 추가명판 수정제작 의뢰

2001. 6. 4

백골병단참전 개선 50주년 전몰장병 363위에 대한 극락왕생을 비는 진혼무(춤) 원주대학교수 전통예술단장 김영아 춤과 유교식 제사 봉행

초헌관 : 전인식, 아헌관 : 장동설, 종헌관 : 권영철

2001. 6. 5

참전개선 50주년기념 및 제46회 현충추모식 거행

2001. 6. 17

국군방송 재향군인회편 백골병단 소개 7분간 KBS I 라디오 FM, AM 전인식 회장 방송

2001. 6. 25

신라호텔 6·25 참전용사 초청연에 회장참석, **채명신 상봉** 그 동안의 경과 및 **육본에 훈장상신의 건** 등을 보고(알림)

2001. 6. 27

국군방송 KBS Ⅰ 라디오(6/29 방송) 전인식 회장 **대담 녹음 14~15시까지**(1시간 KBS)

2001. 6. 29

KBS 제1라디오 FM, AM 방송 17 : 30~18시까지(30분간 : 전인식 대담 출연)

2001. 7. 14

참전 01-7-3호 국방부장관(참조) 인사관리과장에게 '99. 6. 1자 "청원처리에 대한 의견진술" 송부

2001. 7. 23

육군본부 부관감실 포상민원담당관으로부터 자료협조 요청 받음

2001. 7. 24

육군본부 군사연구실 공적확인 담당관 전화 협조 받음

2001. 7. 26

국방부 자료요구에 따라(적진 800리, 전투상보, 병단전사 각 3부 송부)

2001. 7. 27

전인식의 공적기(82면) 완성, 국방부 인사국에 3부 특송함

2001. 9. 5

청와대 비서실장의 회신(내용) 해당기관에서 처리토록 했다 함

2001. 9. 26

육군참모총장(길형보 대장) 전인식(충무) 채명신(　)불가, 윤창규·현규정(충무 추서) 등 20명(화랑)에게 무공훈장수여·포상을 정식으로 육군본부 공적심사 후에 국방부장관에게 건의했다 함
(채명신은 태극훈장 수상자 이므로 제외했다고함)

2001. 10. 11

김한철 등이 훈장을 개별적으로 신청했다고 하며, 백골병단을 비하·비방하고 있다는 정보입수

2001. 10. 31

김한철이 민원 접수했다는 전화받음. 육군본부 부관감실 "석(石)"원사

2001. 11. 13

6·25 참전기념사업회에서 20만원 지원받음

2001. 11. 29

6·25 참전전우 기념사업회 직할회 설치 승인 신청서 제출

2002년

2002. 1. 7

천안거주(11연대 3대대 출신) **이흥창**, **김종근**, **최희철** 전우 등 참전사실 인정을 위해 본회 방문

2002. 2. 1

대전거주 **윤경준**, **오동수** 등 본회 방문 참전 확인을 신청함

2002. 2. 9

전적비관리기금 22,537,00원, 소송기금 7,533,000원 계 30,070,000원 3개월 신탁

2002. 2. 18

6·25 참전전우 기념사업회 직할회 설치 승인 신청 재제출 (병단참전 제02-02-4호)

2002. 2. 18

국방부장관에게 **참전장병 상훈 수여 처리를 촉구**하는 공문 발송 (병단참전 제02-02-5호)

2002. 2. 23

정기총회 개최 "가회" 원안 의결

2002. 3. 20

국군정보사령부에 북파 공작원 보상신청 공문 발송함 (참고로 보냄)

2002. 3. 25

16시경 정보사에서 누군가가 왜 신청했냐는 항의 전화하며, KLO도 정보사에서 보상해야하는가 반송하겠다는 항의 전화, 나는 재판하자고 강하게 항의 했음

2002. 3. 29

전화 및 FAX로 **최희철, 김중신, 이흥창, 김종근, 윤경준, 오동수** 등 국방부에서 참전사실 확인 받음

2002. 4. 8

국가 보훈처에 현충시설 지정요청서(전적비 보전관련) 신청함

2002. 4. 13

육군교육사령관에게 우리들의 육군정보학교(교육생) 자료확인을 위한 청원서를 제출함

2002. 4. 17

재향군인회에 현충 행사 지원금 300만원 요청 공문 발송

2002. 4. 25

전적비 주탑 계단 보수공사(17,600,000원) 계약 500만원 선급함

2002. 5. 2

류해근 육군 교육사령관으로부터 **육군정보학교(4. 13자)에 출동 관련건 서신(사실) 도착**

2002. 5. 4

육군교육사령관에게 추가자료 송부를 요구하는 서신 발송함

2002. 5. 9

신탁금 3천7만원중 20,070,000원 해약함 (주탑 및 계단 보수공사 비용)

2002. 5. 28

전적비 보수공사 중도금 지급
백골병단 연혁을 담은 스테인리스 판 제작 첨부는 국가보훈처에서 집행 대금 완불 1,550,000원

2002. 6. 5

제47회 추모현충행사 및 참전개선 51주년 행사 거행

2002. 6. 28

전적비 공사비 잔액 3,700,000원 완불중 지체상금 1,056,000원 공제 입금 함

2002. 6. 29

육군교육사령관으로부터 자료확인 결과 **역사적인 자료** 회신접수

〈1951. 1. 29 결사 11연대 349명 채명신 인솔, 적후방으로 출동 사실 확인 함〉 문서의 증거 확보함

2002. 7. 5

회원통신으로 61명에게 교육사령부 공문사본과 함께 보고하고, 2002. 8. 8. 회의소집

2002. 8. 1

강두성 보좌관 참전사실 확인 신청함(보증 전인식, 최윤우)

2002. 8. 8

회원 40, 유족 3, 초청 확대 간부 회의 개최 32명 참석, 회칙 개정안 등 만장일치 통과

전인식 공적비 건립 추진위 결성하고 회장 연임함

2002. 9. 11

<u>주탑 페인팅 대금</u> **370만원 송금** (준공함)

2002. 9. 16

주탑 진입 **주차장 보수 레미콘 2차 67만원 공사비 송금**

2002. 10. 9

6·25 참전 임시 장병의 신분확인 요구(국방부에) **군인인가 여부를 확인하라** 제출

2002. 10. 15

전인식 공적비 제막 행사 군관민 100여 명 참가(703, 51경비 연대장, 인제군수 등 참석)

2002. 10. 21

전적비 경역내 정비협조 요청(개 사육장 철거). 군단, 703부대, 2대대장, 인제군수 등에게 요구 공문 발송

2002. 10. 24

전인식 공적비 건립추진위원회 결산보고

2003년

2003. 1. 25

2002년도 결산 및 2003년 예산안과 임원선거 공문발송 (66명에게)

2003. 2. 3

육군본부 정보작전참모부 이석봉 중령으로부터 민원 중간회신문 도착함

2003. 2. 3

재향군인회, 국방부, 보훈처, 국방일보, 군사연구소 등에 총회 초청장 발송

2003. 2. 5

국가보훈처 고시 제2003-8호로 백골병단전적비가 현충시설로 결정고시되었다는 공문 도착

2003. 2. 10

11연대 출신 **洪金杓** (340504-*******)(예군의관 중위 출신) 참전자 등록 (인천시 남구 숭의4동 2)

2003. 2. 10

14시 노무현 대통령 인수위원회에 E-mail 3통 보냄

2003. 2. 14

'03년도 정기 총회 개최하고 총회 결과보고를 회원 64명에게 발송

2003. 2. 20

회원 58인(환자 6인 제외)에게 3·1 궐기 국민대회 참가 권유를 안내함

2003. 2. 21

국방부에 내용증명으로 **백골병단 참전자가 군인인지 여부를 확답하라는 청원서 재차 촉구**

2003. 3. 1

반 핵, 반 김(정일) 3·1절 구국 국민대회 32+5 인 참석함

2003. 3. 17

회원에게 국방부 관련문건 사본과 무명용사 추모비 건립에 관한 보고를 하다

2003. 3. 18

국방부장관에게 2. 21자 요구의 보완 요구서 **내용 증명으로 발송하고, 재판 할 것을 예고함. 전인식 등기 우편으로 요구함**

2003. 3. 28

노무현 대통령 국방부, 국가보훈처, 육군참모총장 등에게 무명용사 추모비 건립건 공문 발송, 전우회원 64명에게도 협찬 공문 발송

2003. 4. 3

무명용사 추모비 건립추진위원 35명 회의 소집

2003. 4. 12

무명용사 추모비 건립추진위원회 구성 **추진위원장 전인식**

공동위원장 高悌和, 부위원장 안병희, 총무 임병화로 결정

2003. 4. 14

회원통신으로 회비납부사실과 무명용사 추모비 헌금내용 회원에게 통지

2003. 4. 15

대통령 외 18개 기관(이한림 장군, 이극성 장군, 채명신 장군 포함)에 **무명용사추모비 제막** 초청 등 공문 발송 (등기)

2003. 4. 16

국회 국방위원장 등 18, 법사 8, 운영 8, 행자 8 등 48개 기관에 무명용사 추모비 건립 초청장 발송

2003. 4. 26

무명용사 헌금내역을 포함한 적진 800리의 혈전 최종판 발행

<책19권째>

2003. 4. 28

인사 33140-188(03. 4. 24) 국방장관 민원회신 국방부장관이 백골병단에 대한「특별법 제정의견 등」접수함

2003. 5. 6

국방부에 특별법 입법자료 송부 (전인식 작성 법률(안) 자료)

2003. 5. 9

회장단 및 이사회 개최, 무명용사 추모비 관련 최종 확정
(23명에게 책 1권씩 기증함)

2003. 5. 17

국회의원 48명에게 등기 초청과 외부인사 98명에게 초청
(보도기관 포함)

2003. 5. 19

육군 15연대장 (이준용 대령) 이취임식 권영철과 함께
참석 격려함

재향군인회 경유 <u>국가보훈처 지원 현충행사 지원금 300
만원 입금 됨</u>

백골병단 홈페이지 20~30페이지 100만원에 의뢰함.
3주정도 소요된다함

2003. 5. 20

공공도서관과 관련 시·군 도서실 43개소에 적진 800리
2권씩 96부 기증함

2003. 5. 20

<u>무명용사 추모비 건립 뒷판 비문 원고(전인식 작성) 평택
의 백제석재에 송부</u>

2003. 5. 23

국가보훈처 보훈 선양정책과 정순태씨(782-0564) 시간
관계로 지원이 어렵다는 전갈, 앞으로 전적비 보수 등에 대
한 요청시 지원하겠다 함

2003. 5. 29

국가보훈처 춘천지청에 500만원 보조금 속달 등기로 신청

2003. 5. 30

무명용사 추모비 건립 제막 준비 (전인식, 안병희, 임병화 출장)

2003. 6. 2

국방부 인사 관리과 우리들 관련 입법안에 대한 의견 통화**(전인식의 입법안 협의)**

2003. 6. 5

제48회 현충추모 무명용사 추모비 제막식과 개선 52주년 기념행사 거행

(회원, 가족 군부대 기관장 주민학생 등 250여 명 참석)

(채명신 등 불참)

2003. 6. 10

회원 및 참여해 주신 분과 국회의원 50인 모두에게 감사의 인사장 발송

2003. 6. 12

임시 장교의 군인신분 인정에 관한 특별조치법 관련 운영위원 11인 선정 통지(등기) 특별조치법에 의한 정관(안) 전인식 작성

2003. 6. 25

백골병단 임시 장병 → 현역복무인정, 특별법 제정, 대책·운영위원회 개최 전인식이 기초한 법률안 심의, 위원

10명중 8명 참석, 의결결과 국방부에 FAX 송부

2003. 6. 27

특별법제정 취지문, 법조문 수정 분 3회에 걸쳐 국방부 담당관과 협의 교신 및 FAX 교환

2003. 7. 5

국회의원 133명에게 입법동의 요청서를 등기우편으로 발송 (반송봉투포함 278,000원 소요됨)

2003. 7. 23

특별법제정 찬성의원 14명과 전화 서신 찬동자 2명 계 16명에게 책과 감사인사 송부함

2003. 8. 5

특별법 제정 찬동의원 총 34명으로(1차) 마감

2003. 8. 7

입법대책 운영위원회(2차) 개최(특별법제정 입법찬동의원 36명 확정), 전시 중 임시장교와 병에 대한 군인 신분 인정 특별법 제정 회의

2003. 8. 11

국회 <u>**강창희 의원에게 의원 입법을 부탁함**</u>. 국회의원 54명으로보터 동의, 서명 받음

2003. 8. 26

국회의원 37명의 서명동의서를 집계 완료하고 3차 운영회의 개최 16인 중 15인 참석

2003. 9. 4

국회 강창희 의원 보좌관에게 찬동 관련서류 사본을 인계함

2003. 9. 17

국회 법제실 심의 착수 20일 완료 예정. 국정감사로 국방위 상정 보류함

국회 사무처 법제실 법제관, 채동식(788-3844 FAX 788-3792) 90분간 협의 통화

2003. 9. 27

채명신 장군 특별법을 북파공작원과 연대하라는 전화 요구에 전인식 전우회장은 북파공작원과는 신분이 다르므로 반대하고 채장군의 의견을 거절함

2003. 9. 28

반 핵, 반 김정일 규탄 9.28 대회에 12명 참석

2003. 9. 29

국가보훈처 춘천지청에 국·영문 안내판(이남표 박사 수정안) 문안 등기 송부함

2003. 10. 1

국군의 날 행사에 전인식, 고제화, 임병기, 전영도 초청 받아 참석

2003. 10. 13

국회 강창희 의원실·김보좌관에게 입법 동의 관련 의원 명단 송부함. 입법개시 한다함

2003. 10. 14

국회 강창희 의원실 비서에게 국회의원 37명 서명한 것 사본 전달 함

2003. 10. 17

13R 출신자?라하는 이창희씨 참전 관계 전화 받음

2003. 10. 21

국회 강창희「**국회의원 입법 발의」(54명 서명)** 소요예산서 제출요구에 24억 9,600만원 산정 요청함

2003. 10. 21

13R 출신자라고 자처(이창희)하는 자를 고제화, 임병화와 합동으로 조사 함. 부적격으로 의견

2003. 11. 3

회원 57명(류탁영, 조영택, 원응학 포함)에게 참전기록 및 전투 공로기록 및 국회 협조등을 요구 함

2003. 11. 13

춘천 보훈지청 전적비 안내판 보조금 150만원 결정 통보 및 문안송부 교정문 및 의견송부

2003. 11. 17

국방부 담당관과 국회에서 송부된 법안의 심의 의견을 교환함 (담당 최병욱 중령) (전인식, 고제화 참여)

< 12. 18 본회 감사 崔仁泰 사망 >

2003. 12. 26

국회 국방위에 상정(2차) 부회장단 등 10명 국회 방청

> 참전 개선 장병중 타계한 전우 <2019. 6. 10 현재>

소령·대위 급
李相燮 ⑪, 李斗柄 ⑫, 李暢植 ⑪, 崔允植 ⑪, 尹喆燮 ⑪, 張麟弘 ⑪,
鄭南一 ⑪, 金德烈 ⑫, 신효균 ⑪, 양재호 ⑪

중·소위 급
權寧哲 ⑪, 金寅泰 ⑪, 林炳勳 ⑪, 李奉九 ⑪, 金榮敦 ⑪, 鄭潤和 ⑪,
崔二澤 ⑬, 李南鶴 ⑪, 張龍文 ⑪, 朴鍾瑝 ⑪, 林癸洙 ⑪, 金興福 ⑪,
韓甲洙 ⑪, 李永夏 ⑪, 金益煥 ⑫, 崔仁泰 ⑪, 조시형 ⑪, 柳卓永 ⑪,
羅明集 ⑪

부사관 급
朴光善 ⑪, 鄭然鎭 ⑪, 趙次元 ⑪, 安昌浩 ⑫, 李雲河 ⑪, 高永相 ⑪,
오정섭 ⑫, 김수창 ⑪, 林南玉 ⑪, 沈求福 ⑫, 이규재 ⑫, 김종각 ⑫,
임재봉 ⑪, 장지홍 ⑫, 문태진 ⑪, 서성초 ⑬, 김태봉 ⑪, 이순영 ⑪,
姜玉鎭 ⑪, 元吉常 ⑪, 丁圭玉 ⑪, 申健澈 ⑪, 장덕순 ⑪, 吳鳳鐸 ⑪,
張承鉉 ⑪, 李明海 ⑪, 申鎭鎬 ⑬, 朴光錫 ⑫, 權處弘 ⑪, 沈仁求 ⑫,
조병설 ⑫, 최종민 ⑬, 全永模 ⑪, 權寧憲 ⑪, 金大洪 ⑪, 李南薰 ⑫,
朴用周 ⑫, 李翊宰 ⑫, 林炳華 ⑬, 김종호 ⑫, 하태희 ⑪, 현재선 ⑪,
호성진 ⑪, 양원석 ⑪, 이영구 ⑫, 이병석 ⑫, 김영배 ⑫, 김정중 ⑪,
崔潤宇 ⑪, 李英珍 ⑪, 全永熹 ⑪, 이장복 ⑬, 임병기 ⑫, 裵善晧 ⑬

2004년

2004. 1. 8

국회 국방위에 고제화, 김용필, 안병희, 최윤우, 송세용, 차주찬 방청 법안 심사위 방문

2004. 1. 9

태극단 이순창씨 내방. **"특수임무수행자 보상에 관한 법률"인 공작원보상의 건 국회본회의 통과.** 박부서씨 전화, 백골병단도 관련있다는 전갈

2004. 1. 13

전인식, 국방부 인사 담당관과 법안 협의, 전우회원 최종 집계 명단 송부, 비협조자 등 제외 함. 전일 회장단 협의 결정에 따름

2004. 1. 14

강창희 의원 보좌관, 보상금의 액수가 적어지는데 국방부 당국자와 협의하여 국방위에서 통과시키는데 대한 의견 조회에 동의해 줌

2004. 1. 26

전인식, 국회 국방위원 18명과 법사위 15명에게 법안 협조성 공문서신 발송(등기속달)

2004. 1. 27

국회 강창희의원 보좌관으로부터 국회의원에 대한 서신 발송 잘 했다는 전화 받음

2004. 2. 9

국회 국방분과위원회 개회, **한충수 의원** 외 소위 심사 보고 및 국방위 수정안 축조 설명후, 만장일치로 통과(14시 37분)

2004. 2. 14

10시 국방부 최중령전화, 보상금은 1,000만원 정도로 줄었고 기타 시행령을 빨리 취진하라는 상부 지시가 있었다 함. **6.25 또는 10.1 국군의 날에 전역식과 훈장수여를 요구했음**

2004. 2. 26

국회 법제사법위원회(9차) 전체회의 만장일치 통과

2004. 2. 27

국회 245차 본회의 상정, 안건번호 9번 15시 05분 개회, 17시 35분 유회됨

2004. 2. 28

참전전우회 제53차 총회 개최 **육군본부 직할 백골병단 참전 전우회**로 명칭 변경하고, **사단법인 백골병단 참전전우회 창립총회** 겸 2004년도 정기총회 개최함

회장 : 전인식, 감사 : 차주찬 직선하고, 부회장 : 권영철 등과 이사를 선출하고 예산 3,540만원을 통과, 재석 38인 외 위임 6인 참여

2004. 3. 2

국회 245차 임시회의 제11차 본회의에 안건번호 12번으로 백골병단 관련자료 상정함. "**6.25 전쟁중 적 후방지역 작전수행 공로자에 대한 군복무인정 및 보상 등에 관한 법률 안**" 이날 오후 16시 30분, 만장일치로 통과 <재석 168 찬성 168>

2004. 3. 2

18시경 채명신, 이극성 장군, 국방부관계관 등에게 법안 통과 사실을 통고 함

2004. 3. 3

회원 56인에게 법 통과 사실 통고하고 사단법인 미가입자 총회 불참자 13인에게는 가입원을 송부함

2004. 3. 4

명예회복 법안 통과 후, 육군 참모총장 및 국방부장관에게 등기우편으로 **훈포장 수여를 재차 건의 함**. <u>윤창규 대위</u> **(태극무공훈장)** 등 37인(전사자 4, 사망자 8, 불명자 2, 생존자 23인)

2004. 3. 10

사단법인 서류 정비 완료 함

2004. 3. 11

국가보훈처 사단법인 설립관계로 방문, 주무부처 결정이 안되었기 때문에 사단법인 설립이 곤란하다는 담당관의 말

3부

명예선양

2004년 3월 22일~2010년 6월 22일까지
백골병단 명예 선양

2004. 3. 22

6·25 전쟁 중 적 후방지역 작전수행 공로자에 대한 군복무 인정 및 보상 등에 관한 법률(법률 7,200호)을 정부가 법률로 공포함

2004. 4. 6

국방부장관에게 우리들의 법률이 공포되었으므로 그 법에 따라 **전역식과 훈포장 수여 건의를 재차 촉구함**

2004. 4. 13

백골병단 참전 개선 53주년 축하모임, 12시 국방회관에서 전우회 주관으로 (채명신 참석) 회원 내빈 등 114명 참석

2004. 4. 20

국가보훈처장에게 전적비 보수비 지원요청 공문 발송

2004. 4. 24

국가보훈처 춘천지청장에게 전적비 보수공사비 2,300만원을 보조 신청함

2004. 4. 26

적진 800리의 혈투 전인식 출판   <책19권째>

2004. 5. 7

춘천보훈지청 담당관에게 주탑 둘레 바닥 보수비 1,375만원과 계단(콘크리트로) 시공 1,855만원 합계 3,230만원 중 2,300만원의 보조금 요구 서신 발송

2004. 5. 7

육군본부 인사관리과에 **참전자 전원의 전역식 및 1계급 특진 등을 건의**

2004. 5. 7

15:30 국방부 전사편찬위 조성훈 연구원이 백골병단을 유격대쪽으로 넣는다는 것을 거부하는 뜻의 전화 통화. 특수전부대로 현역과 동일시 해달라고 했음

2004. 5. 10

국방부 군사편찬연구소장에게 백골병단 관련 전사내용에 대한 시정요구를 위한 회장단 이사 감사 전원 회의, 의결 후 등기 속달 배달증명으로 우송함

2004. 5. 13

전적비 보수 소형고압블록 18,000장 1,000만원, 계단 신규 1,500만원 계 2,500만원으로 보수공사 집행

2004. 5. 18

전인식, 권영철 보수공사 현장 조사차 출장

2004. 5. 21

전인식 파주지역 백골병단 참전회원 10여명의 위로차 출장 격려함

2004. 5. 31

육군 교육사령관 **류해근 중장**의 전역식에 참석, 격려함 (전인식, 권영철, 홍금표)

2004. 6. 4

현충 49회 백골병단 개선 53주년 추모식 거행

2004. 6. 10

KBS 제1라디오 FM 97.3 MHZ **전인식 대담방송 7분간 생방송 실시**

2004. 6. 21

국방 군사연구소장의 회신 (2004. 5. 10자 서신성 항의에 대한 답신)

2004. 7. 8

국가보훈처(춘천)로부터 **5.13 집행액 2,500만원 중 1,500만원 지원금 수령**

2004. 7. 12

영도Y유격대에 지원금 100만원 위로 송금하여 격려 함

2004. 7. 15

특별법시행에 관한 청원 **국방부 장관에게 청원 의견 발송** (장관과의 대화방에도 청원)

2004. 7. 16

국가보훈처 춘천지청에 보조금 1,500만원의 집행 정산 서류 송부 (등기)

2004. 7. 21

6.25 관련법 시행령 제정 공고 · 국방부 공고 제 2004-40호 관보 접수

2004. 7. 22

전우회 확대회의 · 이사회의 개최

◆ **2004. 7. 22**

이사회·확대회의 의결, 우리들 관련 특별법에 따라 전우회 명칭「육군본부 직할 결사대 전우회」로 변경 의결함. 만장일치 가결!!

2004. 7. 23

회원통신으로 회의결과 명칭의견 및 **시행령(안)**에 대한 의견서 예시문 송부(긴급)

2004. 7. 26~29

울릉도·독도 탐방 후 전우회원 8명은 전적비를 탐방함

2004. 8. 31

전인식 아픈 상처를 어루만지며 출판 **발행**   <책20권째>

2004. 9. 15

참전전우 58인에게 인우보증 서신과 유족 5+28인에게 유족관련 법령과 유가족 등록 등 관련 양식 송부

2004. 9. 30

전인식 한 많은 오십삼년 출판   <책21권째>

2004. 10. 6

국방회관에서 참전전우와 대리가족 포함. 54명 유가족 (귀환후) 12인 외 1명 계 67명 참석. 인우보증 등 협의함

2004. 10. 23

임시 이사회 및 친목회 창립총회 개최, 친목회 회장 全仁植, 부회장 林東郁 운영위원 高悌和, 權寧哲, 사무국장 張之永, 감사 車周燦 선임

2004. 11. 11

운영위원회의 개최. **11. 29~30 강원도 영월, 평창, 양양, 인제 등 격전지 탐방**키로 의결함

2004. 11. 15

6.25 관련법 시행령 공포 (대통령령 제18583호(2004. 11. 11)) 관보에서 입수

2004. 11. 23

노무현 대통령에게 탄원서 발송

2004. 11. 24

국방부 장관과 육군총장에게 참전 전우회 회원명단 등 송부

2004. 11. 29~30

참전전우친목회에서 25명이 대형버스로 강원도 영월, 평창, 대관령, 강동, 삼산리, 사기막리, 퇴곡리, 오색리 전적비 앞에서 귀경까지 320km의 전적지를 탐방하고 제례를 지냈음. 군부대에서는 대대장과 병력이 참여했음.

2004. 12. 3~4

특수작전 공로자 인정신청을 위하여 모임을 갖고 1차 33인, 2차 34인에게 신청서 작성을 협의 함.

2004. 12. 6

회원 유가족 모두(76통)에게 발송(헌성금 명세, 국방부 공고문 사본)

2004. 12. 8

국방부에 **공로자 인정신청 48명 신청**

2004. 12. 11

국방부에 공로자 인정 신청 3명 추가 신청

2004. 12. 14

국방부에 6.25 참전 유공자로 李永九 등 5인 신청함.
합계 56인 유가족 5인 포함 吳錫賢, 金成亨 포함

2004. 12. 14

춘천 보훈지청으로부터 **무명용사 추모비가 국가지정 보훈시설**로 지정되었다는 통지받음

2004. 12. 15

국방장관에게 탄원서 회답의 보충청원 및 질문서를 내용증명 우편으로 발송 함

2004. 12. 17

이사회의 개최 원안가결 宋景熙 씨 제명 가결, (전인식의 사퇴서는 반려함)

2004. 12. 22

李萬雨 외 16명의 전우찾기. 시장, 군수, 경찰서장에게 각각 등기우편으로 생존 여부를 확인 요구

2004. 12. 23

이남학 등 7명 전우찾기 협조요청. 읍·면·장에게 발송 (등기)

2004. 12. 24

국방장관에게 김원배 대위 등 60명 전사자의 계급 임시장교를 현역장교와 같이 임시를 뗀 계급으로 정정해줄 것을 요구하는 등기우송

2005년

2005. 1. 4

탄원서(12.15 자) 내용증명에 대한 회답 2005. 1. 11 직접방문하여 **회답내용 수정요구함**

2005. 1. 7

회원통신으로 노무현 대통령에 대한 탄원서 회답과 관련된 8개 등에 대한 회원의 대책 알림

2005. 2. 15

국방부 공로 심의위 간사가 회원 각자에 대한 참전 내용을 전화 질문했다함

임병화, 김용필, 송세용 등 12 연대 중 1대대는 대관령으로 2개 대대는 주문진 쪽으로 침투했다는 12 연대출신 장교 2명의 증언이 있었다고 하는 미확인 전언이 있었음

2005. 2. 18

전인식 개인부담으로 **서울신문, 동아일보**에 옛 전우 24인 찾기 광고를 의뢰함.

전인식 회장 개인부담 : 99만원 + 220만원 = 계 319만원, 추가 한국일보(22일) 33만원 합계 352만원을 협찬함

2005. 2. 22

전인식 『오십사년을 기다렸다』 책 발간 <책22권째>

2005. 2. 23

국방회관에서, 2005년도 정기총회 겸 침투작전 54주년 행사 개최(회원 유가족 내빈 등 87명 참석)

2005. 2. 28

회원통신 발송 함. 찬조금 노귀현 50만원 중 25만원 반환함, 명판추가 19인 200만원 가수입 처리함

2005. 3. 3

『오십사년을 기다렸다』 책 노무현 대통령 외 78인에게 기증 발송함

2005. 3. 4

신문광고로 <u>서천군 출신 11 R 文泰眞 외 5인</u> 추가 발굴 및 <u>임계수 소위 유가족</u>[아들(공무원)] 발굴 함

2005. 3. 14

신 가입 및 예상자 등에게 안내서 발송. 보상금이나 받으려는 자들 인 듯함

2005. 3. 16

국방부 공로자 심의 철저 및 **대상자 124명에 대한** 가부간의 회신요망 등기우송 함

2005. 3. 19

회원통신 발송 **관광여행일정 포함**. 비 친목회원 16명 포함 발송

2005. 3. 21

<u>李丙錫</u>씨 사망. 조위금 및 소송참여비 반환하고 조화보냄

2005. 3. 22

국방부 위 공문에 대한 회답 직접지참 접수(이광삼 중령 내 방문 사무실)

2005. 3. 23

회원긴급통신 **공로자인정서 도달에 따른** 소송관계안내 (긴급이사회 소집 3.26 11시)

2005. 3. 24

전인식 특수작전 공로자인정에 대한 재심청구 내용증명으로 발송

2005. 4. 1

전인식, 차주찬, 고제화, 김인태 의정부로 출장 정 변호사와 소송관계 협의 함

2005. 4. 2

참전전우 및 일부 유가족 등 51명에게 소송관계 긴급통신 발송

일반 참전자 3,000만원, 이중 복무자 5,000만원 위자료 청구소송과 전인식의 간첩혐의와 고문피해 등 추가 청구

2005. 4. 3

명예회복 위자료 청구 소송 참가 희망자에게 참전 및 소송 경위서 작성 지급 송부요망 긴급통신 51명에게 발송함

2005. 4. 13

참전개선 54주년 기념행사 개최함. 국방회관에서 60여명 참석

2005. 4. 14

위자료 18억 6,000만원 청구소송 착수함. ※ 전인식, 차주찬, 변호사 면담

행정소송 전인식 제기 함. 39명 + 이상준(유족 3인)
총 40명 **(관련기록자료 송부함)**
착수 및 3심까지 2,500만원으로 하고, 성공사례 10%로 정함

2005. 4. 22
서울행정법원에 전인식 행정소송 제기함 (경비는 전인식 개인 부담)

2005. 4. 22~26
전우친목회원 15인 해외 참전지 베트남 관광함
여행경비 중 일부는 전우회에서 부담

2005. 5. 9
전우 회원통신 발송, 회비미납 촉구 기타 안내

2005. 5. 14
회원 및 유가족에게 회원통신으로 현충행사(50회) 초청 및 안내

2005. 5. 20
전인식 **소령계급 인정** 및 **복무기간 변경**(1951. 1. 25 ~ 6. 28) 신청 기각 되어 **헌법재판**으로

2005. 6. 3
참전개선 54주년 제50회 현충행사 회원 및 유족 83명 참가

2005. 6. 7
법률 개정 청원. 1951.1~4 사이를 6월 이상 10월까지

로 전인식은 6월 28일까지 근무한 증거 등이 있으므로 개정해야 함을 강조함

2005. 6. 11

법률 개정 청원 내용에 관한 회의 결과를 회원통신으로 발송

2005. 6. 15

<u>끝나지 않은 6.25 한국전쟁</u> 회원 등 73명에게 (행정소송) 동참 호소

2005. 6. 23

국회 황진하 의원 보좌관 접견 협의(전인식, 고제화, 차주찬, 송세용)

별 소득 없이 자료와 디스켓을 인계함

2005. 6. 24

국회의원 90명(55명 추가 35명)에게, 입법청원 15쪽, 도장 받는 쪽 2쪽, 책, 소포 기증 함

2005. 6. 25

국회의원 여당 14명 추가, 입법찬동 동의서 관련 문건, 반신봉투, 동의서를 보냄. 합계 104명에게 보냈음

2005. 6. 27

전인식, 고제화, 차주찬, 송세용, **입법대책회의 개최**, 국회의원 입법동의 받기로

2005. 6. 30

초청 인사, 초청장 발송 42인, 용인 수지읍에서 특식(이영구 회원 준비함)

2005. 7. 11

육군기록정보관리단에 대하여 유격대 관련서류 1950. 11~1951. 9 까지의 자료 19종을 요구하는 공문 발송

2005. 7. 16

하계안보수련 행사, 전쟁기념관, 용인 수지 경유 대부도 국내 관광 28명 참가

2005. 7. 22

6.25 유공자회(회장 蔡命新)에서 증언록 관련으로 내방한 (예) 장군 등으로부터 李命宇가 국회에 진정했다는 등의 소식을 입수함

2005. 8. 4

예비역 소장 김영갑, 대령 박영기 본사 방문 전인식 회장의 갑종장교 증언록 녹취 함

2005. 8. 4

동아일보에 전우 관련 광고 게재 198만원(전인식 부담)

2005. 8. 9

조선일보에 광고 게재 게재료 300만원 중 (주)건설연구사 100만원 부담

2005. 8. 10

文泰眞 특수작전 공로자 인정 신청이 기각된 후 수정 재신청 차 방문. 본회에서 확인 후 재신청 함

2005. 8. 11

전인식 제기 **행정소송** 사건 참관 차 회원 23명 참가

2005. 8. 15

서울역전행사 참가. 최윤우, 장지영, 홍금표 외 9인 등 25명 참석(식사비용 20만원 홍금표 부담)

2005. 8. 17

12연대? 朴柱大씨 공로자 기각 관계로 방문하겠다는 것을 미심쩍어 거절 함

2005. 8. 19

국회국방위원회 진정 처리 결과 통지(2005. 6. 11 법률 개정 청원에 대한 회답)

2005. 8. 23

서울민사지법 18부 재판에 회원 참관 31명 방청
백골병단의 고생 등을 모두 잘 아는 것인데 국가가 구체적으로 무슨 잘못이 있는지를 입증하라는 요지의 주문(판결)이 있었음

2005. 8. 24

백골병단 기념사업회 발기 안내(회원, 비회원, 유가족 등 99명에게 안내 통지함)

2005. 8. 25

金永培(12R) 아들 "김종환" 방문 김영배의 공로자신청 기각에 대한 회원자료를 요청하여 서류 보완해 줌

2005. 8. 25

백골병단의 실체 개정 판 완성　　　　　＜책23권째＞

2005. 8. 30

車周燦 감사 개정판 원고 교정 및 내용검토 함. 권영철 부회장 방문 요담함

2005. 8. 30

金正鍾씨 참전 공로자 인정신청 관계로 방문. 자료 2매 제공함

2005. 9. 13

군부대 위문(추석), 행정법원에 항소장 제출

2005. 9. 21

회원 및 비회원에게 통신 92통 발송

2005. 9. 23

박준서 전 대법관(광장로펌)에게 헌법소원 의뢰함

2005. 9. 26

박준서 변호사와 협의 무료 변론해 주시겠다함. 권광중 변호사 전 법원장과 함께 수임

2005. 9. 27

서울 중앙지방법원 민사 18부(562호 법정) 심리 27인 참석 법원구내에서 임시총회 개최 부회장, 이사, 감사 외에 참여(元老) 회원 류해근 장군 선출

2005. 9. 30

2004. 12. 24에 현역으로 인정해 달라고 한것을 尹昌圭 대위 외 60명의 전사자의 임시 계급을 현역 계급으로 공로자 인정 신청을 다시 제기함. (대표 전인식)

2005. 10. 5

전인식의 소송 "선고"에 따라 항소와 동시에 박준서 (전 대법관), 권광중(전 법원 연수원장), 김범진 변호사 등 3인 헌법 불합치 헌법소원 제소 (완전 무료 변론을 해 주심)

2005. 10. 14

기념사업회 출연금 전인식 공로보상금 전액(천만원과 급여금 등) 10,185,920원 전액을 헌성금으로 입금완료

2005. 10. 21

이사회의 개최 **백골병단 기념사업회** 설립관련 협의

2005. 11. 2

백골병단 참전전우회 및 동 친목회는 해산하고 **육본 직할 백골병단 기념사업회** 창립 총회 개최 통지

2005. 11. 5

尹昌圭 대위 외 60명의 전사확인자 공로인정은 신청자의 자격이 안돼 반송한다는 연락과 함께 반송됨. 전우회가 국회의원 입법으로 개정 법률을 통해야 한다 함

2005. 11. 8

참전전우 16명, 용대리 전적비 참배와 그날 밤 15주년 전야제 개최

2005. 11. 9

육군회관에서 백골병단 기념사업회 창립 15주년 울릉도·독도 경유 행사 거행

◆「육본 직할 백골병단 기념사업회」창립 총회 개최

회원 36명 참가, 결사대 전우회, 동 친목회는 해산하기로 의결 잔여 재산은 기념사업회로 이관하기로 의결

2005. 11. 10
기념사업회 가입 43인 총 출연금 9,100만원 출연 신청 접수함 전인식 출연금 추가로 2,000만원 됨

2005. 11. 15
육본직할 **백골병단 기념사업회 창립** 사실을 유관 기관에 공시

2005. 12. 6
제2회 이사 회의 개최 (8명 참석, 1명 위임, 1명 불참)

2005. 12. 12
일본 규슈(九州) 지역 관광(3박 4일간). 기념사업회 회비에서 일부 지원함

2005. 12. 20
육본직할 백골병단 기념사업회 회원 및 비회원(前 전우회 회원 중 찬조금을 준 사람)에게 기념사업회 기념 메달 및 "**오십사년을 기다렸다**"책 1권씩 기증

2006년

2006. 1. 26
故 윤창규 대위 충용비 건립 지원 요청 (국가보훈처, 국방부, 육군본부, 재향군인회, 제3군단에)

2006. 1. 26
한 맺힌 오십사년 발행 (저자 전인식)　　＜책24권째＞

2006. 2. 16

충용비 건립 지원요청에 대한 회신 접수 (국가보훈처) (17일 접수 국방부)

2006. 2. 24

기념사업회 회원 대만(자유중국) 관광 14인

2006. 3. 6

윤창규 대위의 충용비 건립 지원 요청에 대한 회신 접수 (육군 본부)

2006. 3. 14

육군 제3군단에 건립 부지(국유지) 사용 동의서 요청 공문 발송

2006. 3. 24

충용비 건립 지원 사업 서류 보완 요구에 따라 보완 서류 발송 (춘천 보훈지청) 충용비 건립 부지 사용 신청을 승인됨(육군 제3군단)

2006. 3. 27

고 윤창규 대위의 충용비 건립 국고 보조금 717만원(소요액의 30%)으로 수정 요구

2006. 3. 30

2006년도 연회비 납부 촉구 안내문 및 회칙 개정(안) 서면 결의서 발송

2006. 3. 30

국방부에 **특수작전 공로자의 계급** 및 **군번 부여**와 **전역식 거행**을 정식으로 건의

2006. 4. 3

충용비 건립 지원 요청 건의(신청) 공문과 E-mail 로 재발송 (춘천 보훈지청에)

2006. 4. 3

여명의 아침 발행 (저자 전인식)　　　<책25권째>

2006. 4. 5

국방부 보상심의위원회 임형돈 중령 馬鍾三은 전사자가 아닌 것으로 판명되었다는 알림 접함

2006. 4. 12

회칙 변경 서면결의 91표 중 반대 없으므로 **가결 선포(참여 65표)**

2006. 4. 14

정환영 변호사로부터 항소 준비서면 FAX 도착. 전인식 검토 후 수정문 보냄

2006. 4. 14

설악의 영봉은 알고 있다 발행 (저자 전인식)

<책26권째>

2006. 4. 19

서울고법 제5 특별부 보상금(전인식) 사건 기각. **제5 특별부 위헌 재청 신청**

2006. 4. 20

박준서 변호사 헌법재판소 위헌 재청 신청 문안 협의 송부함

2006. 4. 21

살신성인 충용비문 원고 원안크기로 확대함. 230,000원 소요

김영돈 씨 아들(유일), 11R 본부중대장 김영돈의 공로 관계 문의 전화번호 생략(책을 보냄)

2006. 4. 25

재향군인회에서 국가보훈처 기념사업과 2006년도 현충행사 국고보조 300만원 지원 계획 통보 접수함

2006. 4. 27

김동윤 변호사 착수금 1,100만원 송금과 계약서 날인 전달함

2006. 5. 11

초청장 발송 회원 42, 외부인사 130, 군단 별도 15, 계 187통 (채명신 포함)

2006. 5. 12

국가보훈처 현충행사 지원 300만원 입금. 재향군인회 경유

2006. 5. 19

살신성인 충용비(尹昌圭 대위) 건립·제례 집행 함. 상량대 전인식 제물 기타 지원

2006. 5. 20

작전요도 판 교체 첨부. 馬鍾三 전사자에 있는 명단 삭제. 전우회 경과 판 1장 중복으로 제거, 통일전망대, 전방 탐방. 전인식, 송세용, 장지영, 부대 대대장, 심 상사 참여

2006. 5. 24

<u>李長福 회원 사망</u> (5/29 조의금 30만원과 조전 타전함)

2006. 5. 30

헌법재판소 헌법소원 일부인용 재판부 심판에 회부하는 결정문 도착함

2006. 6. 1

강원도지사, 인제군수 등 당선 축하 전문 발송

2006. 6. 5

참전개선 55주년 추모식 및 살신성인 故 윤창규 대위의 충용비 제막식 거행 (2006. 6. 16. 국가보훈처 총 2,300만원 중 700 만원 지원 요청) 현충행사 12사단장, 군단 참모장 외 군인 등 100여명 참석

2006. 6. 16

국가보훈처 지원 충용비 건립 지원. 보조금 700만원 입금

2006. 6. 20

<u>육군본부 예비역 병적과에서 6.25 특수작전자에게 새로운 군번을 부여함</u> (51-0000번 등) **참전 당시의 계급**도 현역과 같이 병무청에서 병적을 확인함

2006. 7. 6

회비 미납자 5인에게 회비미납 내역고지(등기 발송). 김인태, 장일남, 문태진, 장철익, 고제화 (미국 거주 장철익 등기 발송)

2006. 7. 18

703 특공연대 인사과장 순직(수해로) 조의금 20만원 + 위로 전문 발송

2006. 7. 26~28

하계연수회 충남, 전남북 일주함. 20명 참가 총 경비 500여만원

찬조금 기타 잉여금 72만원 사업회로 이전함

2006. 8. 1

기념사업회 장학회 설립 서면 결의 및 연수회 참가자 사진 송부 및 회원에게 연수회 결과 보고 함

2006. 8. 14

六二五의 회한 그리고 영광 발행　　　　　　　〈책27권째〉

새 군번과 계급 부여 현황

2020. 6. 20 확인

성 명	새로 부여한 군번	새 계급 부여	성 명	새로 부여한 군번	새 계급 부여
전인식	51-00008	대위	**권영철**	51-00015	중위
차주찬	51-77000027	병장	최윤우	51-500069	하사
홍금표	51-500024	중사	임병화	51-500068	하사
권태종	51-00025	소위	김송규	51-500056	하사
임동욱	51-500047	하사	이영구	51-500023	중사
송세용	51-500020	중사	하태희	51-500018	중사
장지영	51-500014	중사	조시형	51-00024	소위
김항태	51-500055	하사	정규옥	51-500004	중사
윤경준	51-500054	하사	**김인태**	51-00012	중위
김용필	51-00019	소위	박용주	51-500039	중사
김중신	51-500008	중사	현재선	51-500046	하사
안병희	51-500053	하사	**이익재**	51-500045	하사
이영진	51-500038	하사	임병기	51-500031	하사
전영도	51-500036	하사	**배선호**	51-77000024	병장
박승록	51-500011	중사	김종각	51-500026	하사
황태규	51-00028	소위	최희철	51-77000028	병장

2006. 8. 14

용대 백골병단 장학회 설립 안내 7개 기관에 등기 송달 (반신 우표 겸)

2006. 8. 18

703특공부대 **안보강연** 실시. 연사 **전인식**, 참여 차주찬, 송세용 차량이용 격려금 전달

2006. 8. 24

국방부 이광삼 중령 자료수집차 본 회 방문 요담(과거의 자료를 복사 제공함)

2006. 9. 2

이사간담회(임시이사회)겸 회원 간담회 개최

2006. 9. 19

강원도 인제 출장. 全仁植, 車周燦, 宋世鏞 장학회 설립 건 인제군 북면 면장, 용대 3리 이장, 용대초교 교감, 703 심 상사 외 참석, **용대 백골 장학회 회칙 채택**

농협원통지소에 900만원 5~30년간 예치 (전인식 300 만원 추가 출연 함)

2006. 11. 2

뉴라이트 격려금 100,000원 보냄

2006. 11. 15

소송관계 서면 30명에게 준비서면 보냄. 전화 연락망 보냄. 회원 42인 전원에게

2006. 11. 16

朴興烈, 김관진, 김병관, 김태영, 백군기 대장에게 **진급 및 보직** 축전 보냄

2006. 11. 27

김장수 국방부 장관에게 축전 보냄

2006. 12. 8

2007년도 정기총회는 2007. 1. 31. 11~14시 개최예정 국방회관에 예약함

2006. 12. 19

용대백골장학회 기금 2,000만원 3년으로 예치함 (농협) 년 5.1%로

2007년

2007. 1. 31

국방회관에서 **2007년도 정기총회겸 개선 56주년 기념식** 거행

회원 본인 참석 27명 위임 10 내빈 30여 명 총 57명 외 참석

2007. 2. 21

대법원 상고자 42인 중 32인, 인지대 11,629,600원 송달료 96,640원 "렉스" 변호사회에 송금함

2007. 2. 22

김동윤 변호사 2건, 각 150만원 씩과 부가세 포함 330만원 전화 협의

2007. 3. 9

외국여행대책위 회의 소집, 전인식, 차주찬, 장지영, 송세용, 임병화 참석

고구려, 발해 유적지 및 백두산, 두만강, 대련 탐방키로 함(1인 499,000원) (본인부담 10만~20만원) 계획추진위원장 호선결과 차주찬이 선임됨

2007. 4. 29 ~ 5. 3

중국 동북지방 백두산, 압록강 탐방 등 회원 17인 가족 등 5인 계 22인 4박 5일간 관광함

2007. 5. 4

국가보훈처 6월 현충추모행사 지원금 300만원 도착

2007. 5. 8

용대 백골장학회 기금 증자 헌성을 촉구하는 공문을 회원에게 발송

2007. 5. 29

용대백골장학회 장학기금 헌성을 촉구함과 동시에 **전인식 200만원을 추가 헌성** 함 (총기금 6,400만원 중 전인식 1,000만원 헌성)

2007. 6. 5

참전개선 56주년 및 **제52회 현충추모식** 거행. 회원 기타 38인 학생 부모 등 30여명 고위 장성 30여명 군인 130여명 등 228명 참석 성료

2007. 6. 8

대법원 소송 기각 판결문 도착 (입증소명 부족 이유로)

2007. 6. 23

용대백골장학회 기금 헌성비 제막식 거행, 회원 21명, 저명인사 3인 및 군관계관 등 10여명과 현지 주민 학생 등 60여명 등 참석

2007. 7. 12

하계수련회 참가 안내 및 회비 (연 10만원) 미납자 3차 회비납부 촉구(최종)(1차 2월, 2차 6월) 8.10까지로

2007. 7. 13

『영광의 세월』 한국전 참전노병의 외침 발행 <책28권째>

2007. 8. 2

제8차 이사회 결과 보고 **회칙 개정** 의결 회원에게 알림

2007. 8. 14

회의 개최 회비 미납자 자격정지 의결(했으나 집행은 보류) 국내 여행 지원 의결

2007. 8. 22

육군발전협회 가입(입회비 100만원)(회장 백선엽, 총장 김명세 장군)

2007. 9. 7

하계 국토순례 행사. 회원 외에 류해근 장군 내외 및 정해상, 박택규, 윤창주 박사 참여(경남북, 강원, 충북지방 일주)

2007. 10. 31

건강이 나쁜 권영철, 박승록, 박용주, 임병기, 오정섭 동지에게 **위로금 보냄**

2007. 11. 19

예산거주 문형식 씨(12R 文源榮의 조카) 전화문의에 대한 회답

2007. 11. 22

문형식의 제보에 따라 **9965부대장에게 회원 명단 확인을 요구**하는 공문 보냄

2007. 12. 10

11R 김영돈 중위의 참전사실 확인을 함 (그의 아들이 요구함) (전인식 보증인 서명)

2007. 12. 11

참전 전우 **김용필 문병** 위로금 보냄

2007. 12. 26

송년회 개최(육군회관) 비용 709,500원 전액을 전인식 회장이 부담함

2008년

2008. 1. 25

제10차 이사회 개최(2008년도 1차) 2007 결산 및 2008 중요사업 및 예산 심의. 참전 개선 60주년 기념사업(1차년도) 현충행사 6.5 집행 계획 등 토의 의결. 전인식, 차주찬, 장지영, 최윤우, 안병희, 송세용, 김용필 참석
위임 홍금표, 임동욱, 불참 권영철 명예회장(건강상)

2008. 1. 25

국군 9965부대장에게 6.25 당시 **참전 유격대 명단 통보 재차촉구**(등기)

2008. 2. 18

국군 9965부대 결사 유격대 명단확인 요구 2007. 11. 22 **2008. 1. 15** 재차요구에 대한 **회답** 이종구 ? 확인불가 전화 접수

2008. 2. 20

정기총회 개최(국방회관) 예산 결산 및 **참전 60년사** 발간 계획 승인

2008. 2. 25

제17대 이명박 대통령 취임식 초청 참석(전인식)

2008. 2. 25

2008년도 정기총회 및 참전개선 57주년 행사 결과보고 36인에게 발송

2008. 2. 25

춘천보훈지청 보훈과 - 655로 **현충시설지정 및 해제 및 통합요청** 안내 공문 접수

2008. 2. 27

육직 백골 08-02-06 춘천보훈지청장에게 현충시설 관리자 변경요청 일부수용 공문 발송

2008. 3. 18

국군 9965부대장에게 **미8군 정보연락장교단 예하 결사대 관련 정보협조 요구**(참전자 명단 요구)

2008. 3. 25

이사간담회 개최 전인식, 김용필, 차주찬, 안병희, 장지영, 임동욱 송세용 참석, 홍금표 위임, 불참 권영철, 최윤우

정보사 명단 요구건, **국방부 법개정 건**, 해외여행 건, 60년사 건, 친목회 건 협의

2008. 3. 26

국방부장관, 참조 법무관리관 경유 인사국장에게 백골병단 관련 **법 개정 건의** 등기 송달

2008. 3. 26

육군 발전협회 김명세 총장 정보사령관을 방문, 정보사 관련 서류 사본을 제공하고 협조할 것을 요구함

2008. 3. 31

국방부 유해 발굴단 발굴조사과장 이중령으로부터 진동리, 진흑동 일대 답사 결과 일부 유해가 있을 것이란 정보 입수 함

2008. 4. 4

국방정보본부장(사령관)에게 친전으로 명단 협조요구 함

2008. 4. 7

김명세, 류해근 장군 명단 협조 요구건 협조 부탁

2008. 4. 9

이진삼, **황진하 장군** 국회의원 당선 축하 전문

2008. 4. 11~15

전우회 **외국여행**(중국), 전인식, 차주찬, 송세용, 장지영, 임병화, 김중신, 오석현, 안병희, 임동욱, 권태종, 이의재 장군 등 11명(중국 북경, 장가계, 원가계 등 4박 5일) 여행경비 7,788,000원 중 지원금 3,238,000원

2008. 4. 14

국방부장관(인사관리과장 전결) 입법청원민원회신 회답 접수

2008. 5. 9

건설연구사로부터 찬조금 200만원 수입

2008. 5. 13

용대백골장학회 임원 추가. 북면자치위원장, 용대 영농조합대표, 북설악 대표 3인 위촉

2008. 5. 20

향군조 408호(2008. 5. 8)로 **6월 현충행사 지원금 300만원 통보받음**

2008. 5. 28

국가보훈처 현충행사 지원금 300만원 재향군인회 경유 입금됨

2008. 5. 29

10시, 정보사령관 직접전화. 김명세 장군 · **자료 협조요구에 최대한 협조하겠다**는 전화 전인식에게 왔음

2008. 6. 5

참전개선 제57주년, 제53회 현충기념식 거행. 용대 백골장학금 지급

류해근 장군 20만원, 문원영 조카 20만원, 병기동우회 한형장씨 10만원, 전인식 친족 50만원 찬조

2008. 6. 5

회칙개정안 및 친목회 결성의 건

◆ 회 명칭 "육본 직할 결사대(백골병단) 전우회"로 개칭 의결 동일부 시행

2008. 6. 9

국방부 정보사령부 고 모과장? 본 회 방문, (5. 29 전화에 대하여) 참전자 명단 사본 일부 제공 받음 70여명 (전부라고 함)

2008. 6. 10

용대리 부락 장학회에 1,000만원 기금 (전인식 개인이 부락에 특별 헌금함)

2008. 6. 13

재향군인회에 행사 결과를 보고(국가보훈처에)
재향군인회에 현충행사 결과 통보 08-06-03호
(행사비 총 6,663,900원 집행)

2008. 6. 17

육군 제28사단(사단장 박종선 장군) **안보강연** 약 500여 명 참가
전인식(위문 130만원), 차주찬, 장지영, 임병화 동행, 필승 GOP 등 휴전선 관광과 대접받음
7월 연수회 행사에 박종선 장군 20만원 찬조함

2008. 6. 23

11R 참전자 임병칠 전우? 동생 임화칠씨 본 회 방문. 명단 찾기 불가

2008. 6. 26
전인식 <u>육군 61사단에 안보특강</u> 함. 장지영 동행(위문 30만원 찬조) (강사료는 전액 전우회에 찬조함)

2008. 6. 27
헌법재판소 재판연구관이 박준서 변호사에게 입대 법적 근거를 요구했다함

2008. 6. 30
국방부유해발굴단 이중령 진동리 유해발굴 건 2008. 7. 7 현장 방문 연락

2008. 7. 1
육군61사단 전인식 강연료 135,000원 전우회 입금

2008. 7. 7
강원 인제군 기린면 진동리 진흑동에서 6.25 유해 1구 발굴에 전인식, 차주찬, 전상욱 출장 참여. 전인식 지신 고유제 올림. 국방부 유해발굴단. 이중령 발굴과장과 함께 참여

2008. 7. 11
<u>하계연수회</u> 7.13까지(2박 3일) KTX 목포-홍도-흑산도-비금도, 도초도 탐방
80세가 되는 <u>전인식,</u> <u>오석현,</u> 박승록, <u>권태종,</u> <u>이익재,</u> 임동욱 합동 팔순 축하 모임
경비 : 전인식 500,000원, 박종선 장군 200,000원, 차주찬 100,000원, 임동욱 100,000원, 여행자 공동 150,000원 계 1,050,000원, 집행잔액 328,500원 전우회 기금으로 전입

2008. 7. 18

하계연수결과보고 및 703특공 1대대의 천리행군과 60년사 기록 열람 협조 7인에게 통지

2008. 7. 25

전우회장 **결사대 60년사 편찬위원장에 임동욱**, 부위원장에 송세용이 무기명 비밀투표로 선출되다

2008. 7. 25

용대리 경노잔치(용대백골장학회와 용대장학회 공동주최) 집행 200여명참여

2008. 8. 6

3군단 정훈공보참모 이동진 중령 특공 1대대 천리행군과 영화 촬영에 협조

2008. 8. 19

방송작가 문명씨? 다큐멘터리 제작 건으로 방문(참고용 책3권과 DVD 기증함)

2008. 8. 20

제1회 60년사 편찬위원회 개최. 임동욱 위원장 찬조 200만원, 전인식 찬조 500만원 당일 700만원 은행에 예금

2008. 8. 26

민원회신으로 육군참모총장 전결(인사처리과장)로 특별법에 의해 신분이 정식으로 인정되었다고 하더라도 **훈포장 수여는 별개의 것**으로 불가하다는 회신

2008. 8. 27

제2회 60년사 편찬위원회 개최 참석 : 임동욱, 송세용, 차주찬, 박승록, 장지영, 불참 : 이익재, 최윤우, 박용주, 홍금표

60년사 편찬 찬조금. 박승록 50만원, 송세용 100만원, 류해근 장군 100만원

2008. 9. 10

제3회 60년사 편찬위원회 개최 : 장지영 회원 찬조 100만원

한국전쟁 6.25관련 특수전 원고 내용(낭독 전인식) 이의 없이 찬동함.

2008. 9. 20

강원도 강릉시 연곡면 삼산리에 703특공연대 제1대대 천리행군장병 위문함. 사과, 생수 등 기증, 단목령 정상부에서 1대대가 준비한 것 제례 지냄

2008. 9. 26~27

강원도 인제군 기린면 진동리 설피밭, 단목령 정상부까지 56년 6개월만에 탐방 위령제 거행. 행군에서 귀환한 장병 위문함. 3군단에서 만찬 대접받음.

민간지원입대자 15인 중 **삼산리 1리 거주 이복규씨**(참전자)를 만나다. 삼산1리 5반 742번지, 310200

2008. 9. 29

정부에서 참전자 전원에게 **국가유공자 증서** 교부함 (대통령 이명박)

2008. 10. 1

국군의 날에 장병(전우) 21명이 잠실체육관 행사에 참석함

2008. 10. 8

제4차 편찬위원회 개최함

2008. 10. 17

육군사관학교 생도대 **심만택 장군** 초청으로 **육사를 방문** 격려함. 육군사관학교 발전기금 200만원 전달 격려

2008. 10. 28

SBS촬영팀(김경일PD) 백골병단의 발자취를 찾아서 PD 인터뷰 1시간 40분

12연대출신? 崔相三 씨(보상 미수령 건) (부산거주)

2008. 11. 10

전적비 경내에 있는 탱크 및 **비석의 안전휀스(울타리) 300만원** 집행함

2008. 11. 20

60년사 감수결과 5차 회의 개최(기본문제 협의 전사기록 포함)

60년사 협찬금 최윤우 100만원, 안병희 100만원, 권태종 50만원, 이영진 50만원, 권영철 100만원, 이익재 100만원, 윤경준 50만원 등 찬조함

전인식 500만원 외에 200만원 추가 찬조함

2008. 11. 29

扈成振 회원 사망. 조화 및 위문금 송금

2008. 12. 9 ~ 24

김용필 추가 100만원, 차주찬 100만원 찬조함

임동욱 추가 100만원, 임병화 100만원, 김중신 찬조 50만원, 박용주 30만원, 김송규 20만원, 호성진 유가족 20만원, 김종호 20만원, 배선호 20만원, 오석현 20만원 총 60년사 협찬 찬조 2,930만원임

2009년

2009. 1. 12

중국 상해 등 전우 15인 여행경비 4,779,000원 선불 지불

2009. 1. 18

중국 상해 대한민국 임시정부 구 청사, 윤봉길 의사 의거 현장 탐방 및 소주, 항주 등 관광 (회원 등 15명) 경비 4,779,000원

2009. 2. 3

채명신 장군 전인식 회장에게 인사겸 격려 전화

2009. 2. 23

국가보훈처 춘천지원에서 **백골병단 현충시설지정서** 등기 송달 됨

2009. 2. 24

09년도 총회 및 참전 **제58주년 기념 행사**(육군회관에서)

2009. 4. 7

전적비 북쪽비탈 지도모양의 연산홍(꽃) 보식 의뢰

2009. 4. 7

국가보훈처 2009년도 참전기념행사 지원(300만원) 통보

2009. 4. 9

6.25 전쟁 중 적후방지역 작전수행 공로자에 대한 군복무인정 등에 관한 법률 개정 건의. 국회 국방위원 18명에게 등기 송달

2009. 4. 13

전적비 주탑 도장공사 380만원 주탑에 각지점 석판교체 370만원 계 750만원으로 공사 계약함

2009. 4. 23

국가보훈처 춘천지청에 전적비 보수 2009년도 750만원 중 250만원 지원요청

2010년도 500만원 요구 공문 발송

2009. 5. 4

특수작전공로자 심의위 신모 조사관 원응학 씨 건 문의 협조함

2009. 5. 6

특수작전 HID쪽 조사관(신모) 본회 방문 원응학 씨 관계로 참고인 조서 작성함. 4시간여 소요

2009. 5. 8

3군단장 이성호 중장 취임식 축하 답신 도착

2009. 5. 18

국가보훈처 현충행사 지원금 300만원 입금

2009. 5. 20
육군 제22사단 717 OP 견학 및 방문 34명 명단 통보(등기 및 FAX)

2009. 5. 27
특수작전 보상 심의위원장과 국가기록원장(정부공문서보존소)에게 결사대 참전자 명단 요구 공문 등기 발송함

2009. 6. 4
<u>동해 최전방 717 OP 견학·위문 28명</u> 참가 후 속초에서 만찬 돌섬 횟집에서

2009. 6. 5
참전개선 제58주년 현충 제54회 추모식 거행 후 오찬
120+30명(군단장 이하 전원)
국방일보 6. 3 동정, 6. 1 향군보 친목단체 소식, 6. 8 국방일보 사진 게재

2009. 6. 10
현충행사 결과보고 등기 송부함 총 집행액 9,612,650원 (지원금 300만원 포함)

2009. 6. 24
전인식, **문산중학교** 1,000여명, **제일고등학교** 1,000여명의 **학생에게 안보 특강** 교재원고 전교생에게 배포

2009. 6. 25
문산중·제1고등학교에 참전 서적 등 사전류 포함 기증함

2009. 6. 29

특수임무수행자 보상심의위원회 과거 관련자 명단 없다는 통보 접수함

2009. 7. 7

병적관리 담당자 공공기관 외에는 자료를 내줄 수 없으며 국방부 발행 "백골병단 보상지원 백서"(125~133쪽)에서 확인할 수 있다는 회답

2009. 8. 14

<u>趙時衡</u> 회원 사망 조의금 기타 송부

2009. 8. 19

육본 직할 결사대 전우회 60년사 발간 최종 협의 회의 개최

2009. 9. 15

60년사 인쇄 회부 확인

(인쇄제작비 견적 1,500만원, 집행액 12,457,600원)

2009. 10. 23

60년사 편찬 마감 회의 제작실비 12,457,600원 확정 회원 보고

2009. 11. 20

국방회관 예약(400,000원)

(행사비 타올 875,000, 메달 2,500,000, 감사패 1,225,000, 광고비 2,320,000 등 총 920여만원)

2009. 11. 24

국방회관에 육군본부 인사사령부 초청에 전인식, 최윤우, 김중신 참석

2009. 12. 10

전인식, 재향군인회의 장학금 200만원 개인 자격으로 헌금함

2009. 12. 21

육사 23기 동기생(김명세 장군)회에 전인식 50만원 찬조 기부함

2009. 12. 30

육군본부 내 대강단(인사사령부)에서 **전인식 6.25 참전 실화 특강함**

참전자의 증언 강사 전인식, 참여 최윤우, 임동욱, 송세용, 참여 : 인사사령관 임석, 강사소개 신만택 장군, 제병교육 준비 대령 지휘, 고급장교 200여명 참석

2010년

2010. 1. 4

육군 인사사령관(朴鍾善 중장)에게 백골병단 전몰장병 60인의 명예의 전당에 현양하는 청원서 및 증거서류 사본을 첨부하여 제출

2010. 1. 5

60년사 출판물 검수함(807부), 편찬위원 및 이사 합동회의 개최 <책29권째>

2010. 1. 14

육군본부 중앙 도서관에 전인식 저서 37종 73권을 기증함(기증서 교부 받음)

2010. 1. 19

전국도서관 217개소 외 기증처 육군부대 등 63권을 보냄(기증 280부)

2010. 2. 10

국방장관실 중령으로부터 전우회 기록 및 명단 요청하여 제공함

2010. 2. 19

국방회관에서 **정기총회 개최** 2009년도 결산 2010년도 예산 안 원안가결

임원선거 : 회장 전인식 재추대 만장일치, 회장과 임원은 현임원 전원 유임 재신임 의결함

2010. 2. 19

국방회관에서 정기총회 및 60년사 발간 축하 모임 개최함
국방부장관 외 장군 18인, 교장 5인, 영관장교 등 내빈 80여명, 회원 23인 유가족 3인 등 110여명 참석 성료

2010. 2. 20

2010.2.19 국방회관에서 있은 **육군본부 직할 결사대 60년사 기념식을 KFN 뉴스에서 방송**

2010. 2. 22

국방일보 3면에 백골병단 60년사 출판기념회 현장 사진 기사 등 게재

2010. 2. 23

국방일보 예비역광장 17면 전면기사 백골병단 60년사 출판기념회

냉대속 박달재에 쓰러진 위대한 전설들!! 사진과 함께

2010. 3. 5

육군본부내 명예의 전당에 결사대 전몰장병 60위의 현양식 거행, 전우회원 유가족 참가

2010. 3. 5

육본 직할 결사대(일명 백골병단) 참전 중 호국의 군신으로 산화하신 **고 윤창규 대위 외 59인의 육군본부 내 명예의 전당 현각** 현양식에 참전 장병과 가족 등 27인이 참석하였고 육군인사 사령관 박종선 중장 외 고위 장병 등 50여인이 참석하여 경건하게 거행

2010. 3. 8

60년사 추가기증 포함 합계 480권(회원 포함) 기증

2010. 3. 10

국방일보 4면에 백골병단 60위 명예의 전당 헌액 기사 게재

2010. 3. 17

참전 전우 17인 여행경비 10,693,000원 선금(예약포함) 지출

2010. 3. 31 ~ 4. 4
중국 운남성 곤명 석림 관광, 전우회원과 초청인사 포함.
곤명, 취호 공원, 대소 석림(石林), 구향동굴, 민속박물관 및 쇼, 화훼시장 등 경비 8,993,000원 전우회 부담

2010. 4. 6
李翊宰 회원 사망 조의 + 조화 기타 보냄

2010. 5. 13
국가보훈처 향군 경유, 6월 현충행사비 300만원 도착

2010. 6. 4
참전개선 59주년, 현충 55회 백골병단 전적비 합동추모식 거행
용대백골장학회 장학생 6명 장학증서 및 장학금 교부
용대노인회 70세 이상 60여명 초청 경노대접, 기념품 증정

2010. 6. 8
국방일보 5단 톱기사
적 배후에서 혈투를 감행한 구국용사들!!

2010. 6. 22
동아일보 : 6.25의 아픈상처 60주년!! 참전 59년만에 전역하는 80세의 노병들 광고

4부

영광의 전역

2010년 6월 25일~2012년 5월 10일까지
6·25 참전 59년만에 전역

2010. 6. 25

충남 계룡대 육군본부 대연병장에서 참전전우 26인(불참 7인) **합계 33인의 전역식이 59년여 만에 거행되었다.**

참전장병의 가족, 친지 등 170여명과 승용차 30대 등 여러분과 육군본부 참모부장(소장) 10여명 등 고위 장성이 참석한 가운데 **육군인사사령관** 박종선 중장에게 **전인식 소령 등 전역자 26명이 전역신고** 후 열병(3대)(카퍼레이드)한 뒤 명예의 전당으로 이동 참배 신고 후 오찬을 대접하였다.

실로 59년 2개월만의 역사적인 행사였으며 KBS, MBC, SBS, 조선, 동아, 중앙, 문화, 세계 등 유력 신문, 방송, IT에 일제히 보도가 되다.

2010. 7. 3

백골부대(3사단) 전몰위령제에 초청받고 조화를 보냄

2010. 7. 15

60년사 추록 원고 완성(편집 개시함)

2010. 7. 15

이디오피아 참전자 가족 돕기 성금 참여 20만원 송금
<굿네이버스에> 전인식 회장의 회사 30만원 찬조

2010. 7. 19~21

2박 3일간 과거 전적지 순례 행사를 가졌다.(**백년 전우** 1부, 2부 촬영)

참가자 : 전인식, 차주찬, 송세용, 임동욱, 장지영, 권태종, 김중신, 박승록, 김송규, 윤경준 10인과 초청인사 5인, PD 카메라맨 등 3인 계 18인 참가

강원도 영월군·읍(11R 출동지)에서 정선 → 태백 → 삼척, 동해, 강릉, 강동면(12R 출동지), 퇴곡리(백골병단 창설지), 오색리(퇴출지), 속초, 인제, 용대리(백골병단 전적비 건립지), 홍천, 구리, 일산, 서울(해산) **비용 500여만원 전인식 비용일체 부담함**

2010. 7. 22

미국 뉴욕거주 **李德鎰 동지**의 6.25 특수임무수행관련 서류 사본과 서신 도착

2010. 7. 28

60년사 추록Ⅰ·Ⅱ 편집 완료 출판 함. 차주찬, 송세용, 권태종, 장지영 참석 합의 함.
제작비 350만원 정도 인쇄 의뢰함. 800부 224쪽 칼라 96쪽 <책30권째>

2010. 7. 30

국립현충원 참배 **"백년 전우" 촬영**(전인식, 차주찬, 송세용, 김용필, 권태종, 임동욱, 안병희, 김송규, 김중신, 오석현, 윤경준, 장지영, 임병화 13인 참석)

2010. 8. 5 ~ 8. 12

국군방송 "백년 전우" 다큐 1부 방송 13시, 18:30, 21:30 3회 회원에게 알림
우리는 조국을 잊지 않았다 Ⅰ Ⅱ

2010. 8. 9

국방부 유해 발굴 조사단 사무실(동작동내)에서 안보강연 전인식 50분 실시

2010. 8. 10

인쇄 제비용 3,263,200원 중 2,402,000원 지급, 860,000원 전인식 찬조

2010. 8. 17

추록 대통령님 외 209권 우편 및 택배로 발송

2010. 9. 14

육군지 6부 도착 p#48~49 전인식 기사 게재(차주찬, 송세용, 임동욱, 이덕일, 이영진, 장지영에게 보냄)

2010. 9. 30

이덕일 전우 참전사실 확인 보증서 발행 전인식과 장지영 서명함

2010. 10. 4

육군본부 6.25참전 예비역 임원 초청(육군참모총장) 행사 참가

2010. 10. 13

재향군인회 박세환 회장 자서전 구입 20부(회비), 출판기념회 참석 차주찬 운영위원장

2010. 10. 20

특전사 교육단 유격특수전 교관단 70여명 전인식 특강

(위문 전인식 50만원 지원) 차주찬 배석함.
오찬 교육 단장(장군)과 대령 등(14명) 오찬 특별대접 받았음

2010. 11. 9~10

백골병단 전적비 건립 20주년 기념 격전지 탐방, 전인식 외 17명 참가

류해근 장군, 이병길 장군 특별참가.(1박2일 오색리 → 박달재 → 주문진 → 퇴곡리 → 하진부리 등)(여행경비 235만원)

2010. 11. 11

전적비 건립 20주년 기념 참배 결과보고 함.(김인태 2,000만원, 김용필 1,000만원 찬조 약속)

2010. 11. 15

전우등 15인에게 갓김치를 선물로 보냄 558,000원

2010. 11. 30

운영위원 합동회의 개최 통지(개최일 2010. 12. 14. 11시)

2010. 12. 8

김용필 특별찬조 500만원 입금(약속은 천만원이었음)

2010. 12. 8

다액 헌성자 6인에게 선물을 따로 보냄 190,000원

2010. 12. 14

운영위원 합동회의 개최 2010 결산안 및 2011 예산안 중요사업 등 협의

2010. 12. 20

예산 및 결산서(안) 및 추대패와 공로·감사패 13개 준비 완료

2011년

2011. 1. 12
차주찬, 송세용, 장지영 방문 **공로·추대패** 전원 수여 협의 18개 추정

2011. 1. 14
김인태 특별찬조 500만원 입금(약속은 이천만원)

2011. 1. 17
용산전쟁기념사업회장 참조 학예부장에게 전몰장병 60위 추모의 전당 현양을 청하는 공문 등기로 발송

2011. 1. 18
공로패 제작 18개(참전회원) 90만원

2011. 1. 21
용산 "용사의 집"에서 총회 개최, 이진삼 의원, 박종선 중장 외 준장, 대령 2인 및 정중민 중장(찬조 100만원), 류해근 중장 등 40여명 참석, **명예회원 2인 추대** 공로·감사패 수여 및 오찬 총경비 총 3,438,000원

2011. 1. 27
에티오피아(굿네이버스) 참전단체에 20만원 위로금 송금

2011. 1. 28
전쟁기념사업회장 전사자 명비 설치 긍정적으로 검토 추진한다는 공문 접수 함

2011. 2. 10
현충행사 관련 향군에 현충행사 계획 공문 발송

2011. 2. 24

<u>李榮珍</u> 회원 사망 (화랑무공훈장 추서받음)조의+조화 기타

2011. 3. 14

전쟁기념관으로부터 전사자 60인 현액(각자) 한다는 연락 받음(육본으로부터도 연락옴)

2011. 3. 21

동아일보에 광고 게재 의뢰함. 135만원×1.1=1,485,000원(9cm×5단)

2011. 3. 24

동아일보 광고 1,485,000원

참전전우 18인 제주 자유 투어 5,942,000원 송금

2011. 3. 24~26

전우회 2011년도 **춘계 제주여행**, 제주도 4.3사건현장, 제주도 훈련소, 제주도 역사박물관 등 참관함. 참전전우 18인 참석　　　　　　　총 경비 5,942,000원

2011. 3. 29

전쟁기념관 내 **전사자 60위의 전사자 명비 조각 개시** 하다 (전인식, 류해근 장군, 이병길 장군)

2011. 4. 7

전쟁기념관 전사자 60인의 명비 헌액 **(전쟁기념관 추모비 동쪽에 각자)(글자 새김) 행사 거행.** 전인식, 류해근 장군, 이병길 장군, 송세용, 차주찬, 김중신, 장지영, 권태종, 윤경준, 오석현, 배선호, 김항태 참석

2011. 4. 20

6월 현충행사 겸 60주년 기념행사 추진위 회의 개최

2011. 4. 27

전쟁기념관 소장품 관리 팀장 내방, 자료 인계

<길원팔에 대한 명령서, 1950. 3. 채명신의 서신, 임동욱 사진, 김용필 사진 11R사진, 11R 1대대 사진, 13연대 사진, 1951. 3~4 전투정보 보고자료 3건, 김인태, 한갑수의 임관사령장 원본 등을 인계함>

2011. 4. 28

육탄10용사 추모, 육사교장 박종선의 취임 축하 참석 등

2011. 5. 3

육군사관학교장 박종선 장군 취임식에 참석하다. 육사발전기금 100만원 추가 전달

2011. 5. 23

특전사교육단 전인식 안보 특강 출강

2011. 5. 23

국가보훈처 6월 현충행사 지원비 300만원 입금

2011. 5. 24

LA거주 이덕근씨(12R) **장학금 100만원 송금** 되어옴

2011. 6. 3

<u>참전개선 60주년 기념식</u> 거행함

2011. 6. 3~4

제56회 현충추모식 후 덕구온천 휴식, 안동 하회마을 탐방 등 단합 모임 개최

제3회 경노잔치, 제5회 장학금 지급 등 **참가인원 230 + 30인** 선물 170개 소모

2011. 6. 8

<u>梁元錫</u> 회원 사망 조의금 기타 부의

2011. 6. 16

육군73사단 충일부대 이준용 사단장 초청으로 부대 방문. **전인식 100분간 안보강연하다.** 차주찬, 송세용, 장지영, 권태종, 안병희, 김송규, 박승록, 오석현, 김중신 등 참가

2011. 6. 16

파주시가 설치한 6.25기념탑에 <u>**전인식 450만원 찬조 지원**</u>(파주출신 백골병단 40여명 명단 현각)

2011. 6. 20

"**영광의 세월**" 전인식 저서 27개 기관에 기증함

2011. 6. 24

특수전사령부 6.25 참전자 초청에 참가

2011. 6. 25

파주에서 제막한 6.25참전기념비 제막식에 백골병단 대표로 참석

파주시장의 감사패 수령

2011. 7. 30

60년사 추록Ⅱ 20부 견본 입고. 당일 참석자 5인에게 2권씩 기증

2011. 8. 4
60년사 추록Ⅱ 각계에 211권과 외국 3권 및 회원에게 214권 우편 발송함

2011. 8. 5
굿모닝여행사 패키지로 부산 해운대 남해안 등 국내 여행. 전액 전인식 부담
전인식, 류해근 장군 내외, 이의재 장군, 차주찬, 송세용, 장지영, 권태종, 김중신 등 9인 참석

2011. 8. 10
육군 제3야전군사령관 이홍기 장군 감사 서신과 선물 도착

2011. 8. 10
전우회 경비 지원. **전인식 600만원, 류해근 장군 100만원 찬조**함

2011. 8. 26
임병화 회원 사망 조의+조화 기타 부의

2011. 9. 1
회원 26인에게 낙석 보호(방어)벽 및 조형물설치 의견 조회 공문 등기로(15일까지 회답요구) 회비 미납 6인 제외함

2011. 9. 5
국가보훈처 춘천보훈지청에 낙석방지벽 및 조형물 설치 지원 요구. 공문 등기 발송

2011. 9. 8
부조 설치 대상자 선정 심사위원 12인 위촉과 동시에 9.22 회의 통지

2011. 9. 21

전인식 부조 설치 찬조금 추가 500만원 찬조

2011. 9. 22

낙석방어벽 부조 설치 대상 13인의 건립 가부투표(심사위원 12인 중 9인 참석)

2011. 9. 23

투표결과 12인에게 등기우편 송금 등 자료요구 공문 보냄 (회원통신)

2011. 9. 26

국가보훈처 춘천지청에서 공문 도착. 2013년에 지원 가능하다는 것

2011. 9. 27

노량진 수산시장에서 전우회원 모임. 전인식, 류해근, 차주찬, 송세용, 장지영, 김용필, 권태종 (전인식 현지에서 급병으로 입원)

2011. 10. 1

국군의 날 행사 참가. 차주찬, 송세용, 안병희, 장지영, 김인태, 김중신, 박승록, 권태종, 윤경준, 최희철, 김항태 11명

2011. 10. 5

전인식, 류해근, 전상욱 차로 **용대리 현장 출장**. 전우회 차주찬, 송세용, 장지영 참가. 김태구 연대장, 대대장 등 참석. 부조 설치 공사장 위치 결정함

2011. 10. 5
방어벽 공사비 중도금 1,000만원 계약금 송금함

2011. 10. 11
방어벽 부조 등 관련 회의. 류해근, 차주찬, 송세용 회동. 부조 기타 문안 최종 협의 함

2011. 10. 19
미국 LA거주 李德根씨에게 60년사 추록Ⅱ 외 특송 (10/25 사망 했다함.)

2011. 10. 28
특전사 교육단 비정규전 교관반 약 70명 **안보 특강 실시** 전인식

2011. 11. 4
방어벽 공사 중도금 2,000만원 전인식 사비 송금
문화일보 광고 220만원

2011. 11. 8
국방부 공고 2011-164호 6.25 당시 서훈 누락자 추가 서훈 신청 공고. 회원에게 공고 공문과 신청양식과 함께 긴급 알림

2011. 11. 11
용대리에서 전적비 보호시설 제막식 거행. 12사단장 외 180여명 참석

2011. 11. 21
방어벽 공사비 잔금 7,276,000원 지불

2011. 11. 23

본회회원 장지영, 송세용, 권태종, 차주찬 **본 회 방문**(오찬 장지영 부담)

2011. 11. 24

본회회원 박승록, 전영도, 박용주, 김종호 **본 회 방문**(오찬 전인식 부담)

2011. 11. 30

육참총장에게 서훈 누락자 추가 서훈 신청서 보완자료 등 관련 자료 송부 (채명신, 김한철 비협조 강조함)

2011. 12. 5

육군본부에 보낸 11. 30자 보완자료는 육군본부 인사처 리과 김재근 원사 공적과 무관해 처리 불가 하다고 반송

2011. 12. 6

국방부 6.25 사업단 김만종 중령 본회 방문 요담(60년사 등 관련자료 증정 함)

앞으로 현충행사에 지원 등 협조하겠다 함

※ 보호(방어)벽에 계기한 회원 30명(한문으로)

참전자(파악) 총 93명 중 ◎ 사망자 : 52명, ◎ 생존 추정자 : 11명 ? 나명집, 강오형, 원봉재, 조규철, 김영배, 박종운, 조남현, 송경희, 김영설, 이희용, 서병환 등 (2011. 12. 8 현재)

2011. 12. 8

이남표 박사, INHERIT THE WAR 유격전 전사 영문판 본회 회장에게 기증되어 왔음. $19.00 라 함. (번역본 15부 도착. 총회시 배포 예정)

2011. 12. 19

6.25 포상신청 안내 공문 추가 발송 ; 권영철, 고제화, 김용필, 김인태, 최윤우, 이영구, 하태희, 현재선, 김성형, 임병기 제씨에게 신청서 등 우송함 (이영구 반송됨)

2011. 12. 21

육사 박종선 교장 박사 학위 취득 축하함

2011. 12. 26

전우회 총회겸 2011년 송년모임, 서교가든 12시, 초청 류해근 장군, 이의재 장군, 이남표 교수, 회원 20인

2011. 12. 30

회원 통신 발송, 이진삼 의원 출판기념회 축하 화분 보냄

2012년

2012. 1. 27

특전교육단 비정규전팀 5인 본회를 방문함. 1.27 향군관련회의 차주찬 대리 참석함

2011. 12 ~ 2. 1

3차 전인식 찬조.
50만 + 50만 + 50만 + 100만 계 250만원 찬조함

2012. 2. 15

충용특공상 제정에 관하여 703특공 2대대 이현수 주임상사와 협의

2012. 2. 15

노랑풍선 해외여행 13인 총경비 6,932,000원

2012. 2. 22

전인식 외 12인 **요코하마, 시즈오카, 동경관광** 26일까지 전인식 지원 370만원

2012. 3. 5

충용특공상 제정에 관한 협조 요청 공문 발송 22명에게 발송

2012. 3. 19

김종호 회원 훈포장 미심 자료 보완 협의함

2012. 3. 21

충용특공상 제정 헌금 송세용 50만원, 전인식 1,500만원, 김용필 30만원, 권태종 50만원 계 1,630만원 보고 전인식 추가 200만원 등 1,700만원, 총 2,445만원 (**추가 전인식 300만원** 합계 2,745만원 중 2,000만원 헌성) 충용특공상 추가자 홍금표 50만원, 류해근 장군 50만원, 임동욱 감사 50만원

2012. 4. 16

특전 무훈장구 축하 1,000,000원

2012. 4. 21

충용상 기금 2,345만원 703특공연대에 기부금 송금함 (추가 300만원 703특공에)

2012. 5. 8

전우회 국내여행. **진도, 보길도, 목포, 땅끝마을, 목포, 고창** 등 남도 관광 (2박 3일)

5부

빛나는 무공훈장

2012년 5월 25일~2021년 1월 25일까지
무공훈장수여 및 추서

2012. 5. 25

국가보훈처 6월 현충행사 지원금 300만원 입금(재향군인회 경유)

2012. 6. 5

제57회 현충, **참전 개선 61주년 행사** 총 290여명 참석
국방부장관 추념사 군단장 대독 외 화환 등 20여점, 총 비용 809만원 소요
충용특공상 2인 100만원, 용대초등교 학생 5인 100만원 별도 지급함

2012. 6. 7

육본 인사처리과 최상사로부터 훈장수여 결정 통보 받음
전인식(9사단), 김용필(1사단), 김인태(17사단), 배선호(36사단) 등 분산수여를 9사단으로 통합해달라고 요구

2012. 6. 12

회원통신으로 훈장 결정 중간보고 함 (12-06-03호)

2012. 6. 15

전인식 전우회원 파악 통계, 집계 총 185명 파악(전사자 60제외)

2012. 6. 20

9사단에서 훈장수여 전화통보 받음(16시경) 25일 10시 거행 예정 합의

2012. 6. 25

전인식 하진부리 작전지휘로 적병 34명 생포, 구룡령 차단작전에서 적 69여단 전투상보획득, 군량밭지구철수작

전, 용대·백담사 지휘 설악산작전, 오색리, 오가리, 진동리 퇴출지휘 등 유공으로 전인식 소령 충무무공훈장 수상

<mark>백마사단장 김용우 소장 훈장 대리 전수식 거행</mark> 10:10분

전인식 소령 충무무공훈장, 진동리 작전 유공 玄奎正, 설악산 퇴출작전 유공 尹昌圭 충무무공 추서

화랑무공훈장 : 장지영, 김용필, 송세용, 안병희, 김인태, 배선호 각 수상

전인식 내빈 70여명, 703특공에서 2인, 문산중학교 학생 및 선생 등 축하 참석

화분 : 류해근 장군, 병기동우회, 천병식 박사, 사간회 노양환 회장, 윤창주 박사, 미양 안연태사장, 우성제본 이우석 사장 등

2012. 6. 26

6.29 11시 동작동 **윤창규 위패** 및 15시에 대전 **현규정 묘** 예방 훈장 수상 헌정함

2012. 6. 26

육군교육사령관 및 신만택 장군(지원부장) 대전 사령부 예방

전인식, 차주찬, 송세용, 권태종, 장지영, 홍금표, 김중신, 김종호, 김용필, 안병희, 오석현, 대전에서 합류 임동욱, 박승록, 윤경준, 황태규 등 계 15인

2012. 6. 29

동작동 및 대전현충원 장교 묘역 202판 <u>744호</u> (고)현규정 대위, 이하연 소위 <u>745호</u>, 이완상 병장 <u>4591호</u>

※ 동작동 위패실 48 3면 166에 봉안된 육군대위 (고)

윤창규의 계급이 임시대위로 되어 있으므로 훈장증 사본을 제시하며 육군대위로 정정해 줄 것을 요청함

2012. 7. 2
용산전쟁기념관장 앞으로 훈장 전시에 관한 공문 12-07-01호로 수훈자에게 사본 요구 및 회원에게 보고하는 공문을 시행하였다

2012. 7. 10
용대리 전적비 경내 방호벽에 무공수훈자 표지 계기 확인 차 출장

2012. 7. 13
전적비 석판교체 3종 360만원 집행(개당 120만원)

2012. 7. 18
참전 전우 프로필 원고 의뢰함(회원 등 31인에게)

2012. 8. 2
전적비 경내 조경수목 전지 등 관리 의뢰함, 703특공연대장 참조 2대대장

2012. 8. 6
8월 중 생일 전우 11명에게 선물 55만원 보냄

2012. 8. 21
재향군인회에 자금지원 이전 요청 300만원 ((주)건설연구사 전인식 → 전우회로)

2012. 8. 24
백골병단의 발자취 원고 OK (2012. 9. 14 최종마무리)

2012. 9. 18

"**백골병단의 발자취**" 신규 발행, 입고 <책31권째>

2012. 9. 20

대통령 외 19인에게 "백골병단의 발자취" 책 기증본 발송

2012. 9. 25

건설연구사 제작비 + 수건제작, 전쟁기념관 예약 등 7,219,000원 지원 받음

2012. 10. 24

전쟁기념관 그랜드볼룸 12시 "**백골병단의 발자취**" 출판모임. 황진하, 민병돈 장군과 육사 26기 장군 5명, 엄병길 장군, 윤태환, 천병식, 정기택, 신용일 박사, 이남표, 이의재, 정해상 등 100여명 참석. 경비 379만원 전인식 부담 외 책값 700만원 + 300만원 등 부담

2012. 10. 30

무공훈장 관련 16명(육군13·해군3)의 인적사항 회원에게 알림과 동시에 지방 여행관련 일정 등 알림 2012. 11. 10~11(1박 2일간 1인 129,000원)

2012. 11. 7

특전교육단 **비정규전팀 전인식 특강**(대위, 중위, 중상사 등)

2012. 11. 9

굿모닝 여행사 8인 여행경비 932,000원 중 전인식 504,000원 부담

2012. 11. 10

전북, 전남지방 위로여행 (전인식, 류해근, 차주찬, 송세용, 안병희, 권태종, 최희철, 김중신 등 8인)

2013년

2013. 1. 11

임원회의 김종호 위원 88세(미수) 축하 연회 겸행 (전우회)

2013. 1. 15

73사단장 이준용 준장 전역식에 축전

2013. 1. 16

박종선 중장 전역 축하모임에 축전 보냄, 전우회원 전인식, 송세용, 차주찬, 김중신, 권태종 등 참석

2013. 1. 28

裵善浩 전우 사망(死亡) 조의금 보냄(2. 8 부인으로부터 연락을 뒤늦게 받음, 동작동 영안당에 안치했다 함)

2013. 2. 13

전인식 찬조금 본회에 입금됨 900만원(1/23 보낸 것임)

2013. 2. 18

DVD 촬영 ㉮, 빛과 그림자, 설악의 영웅들 원고심의 위원회의 개최

2013. 3. 4

개선 62주년 행사 실시 여부 긴급 통신 27인에게 발송

2013. 3. 5

DVD 영상자료 사진 골라낸 것 검토 회의

2013. 3. 8

DVD 영상자료 촬영 협의차 작가, 감독, 제작자 3인 본회 방문 협의, 자료일체 대여함

2013. 3. 14

박종선 장군 국회 입후보 후원회에 전인식 찬조 100만원

2013. 3. 20

베트남 다낭, 후예 등 한국군 파월지역 탐방 여행. 전인식, 류해근 장군 내외, 송세용, 권태종, 안병희 등 6인 참가

2013. 3. 27

영상홍보물 USB 제작 착수금 500만원 지출

잔금 5. 28. 400만원 완불

2013. 4. 19

충용특공상 기금 협찬 요청 서신 발송, 부족액 1,200여 만원

2013. 4. 28

특전교육단 비정규전팀 + 703특공2대대 격려방문 특강함

2013. 5. 11

육본직할결사대 발자취 동영상 DVD촬영 인터뷰 (전인식, 송세용, 장지영)

2013. 5. 28

703 특공연대에 충용상 기금 2012. 3. 21. 2745만원 외 2차분 1,480만원을 추가로 703 특공연대에 보냄

(계 4,225만원)

2013. 5. 30
DVD 완성분 150개 입고, 중요기관(대통령 포함) 및 자료실 등 148개소에 DVD 기증

2013. 6. 4
국가보훈처 현충행사 보조금 지원 300만원 입금

2013. 6. 5
참전개선 62주년 제58회 현충추모식 거행
전인식 지원 식대잔액 170만원 전액 찬조, 류해근, 정중민, 이의재 장군 전우 15인 외 민관군 참석 300여명

2013. 6. 10
서인성 전우 특별찬조 200만원 입금

2013. 6. 14
재향군인회에 국가보훈처 지원 관계 결과 보고함(등기)

2013. 7. 17
용사의 집에서 「저 하늘 너머에는」 출판기념회 개최. 43명 참석 <책32권째>
정중민 장군 내외, 이의재 장군, 류해근 장군 내외, 박종선 장군 부인, 권오강 회장, 정해상 회장 등과 회원 16명, 가족친지 15명 등 참석
용사의 집에서 연회 개최비용 1,409,200원 전액 전인식 부담

2013. 9. 24~27
전우회 임원 **중국 산동성 청도시 탐방**. 전인식, 임동욱, 송세용, 차주찬, 전인식 60만원 지원

2013. 10. 11

원통, 인제방문. 원통농협 예금 찾음(장학회)

12,147,789원(원금 900만원) 삼성생명에 예치함

2013. 10. 22

「59년만에 전역」(전인식 저)<책33권째>

2013. 11. 18

국내여행 5인 100만원 전인식 부담

2013. 11. 25

蔡命新 장군 타계함. 조화 보냄 (동작동 사병묘번 34489번)

2013. 11.25~28

전우회 국내여행 (전인식, 송세용, 차주찬, 권태종, 이의재, 서인성) 국내 동해안(여행중이므로 장례식 불참함) 65만원 중 전인식 지원 100만원(6인) 참가함

2013. 12. 2

전인식 **충용특공상 기금 추가** 740만원 전인식 부담 헌성함 (전인식 지원 **헌성금 누계 3,540만원** 총 상금 **기금 5,758만원**이 됨)

2013. 12. 12

「59년만에 전역」 **증보 개정판** 발행 <책33권째>

2014년

2014. 1. 15

2014년도 총회 개최함(용산 용사의 집에서)

총비용 1,068,000원

2014. 2. 7

전적비 경내에 조명투광기 및 국기게양대 설치를 위한 헌성금 모금 안내

2014. 2. 9

전인식 찬조금 150만원 입금

2014. 2. 14

태극기 10장 구입 2대대에 보냄 6,700원

2014. 2. 27 ~ 3. 1

일본 가고시마 관광. 전인식, 이의재 장군, 류해근 장군 내외, 정중민 장군 내외 6인 여행(전인식 250만원 지원)

2014. 3. 4

전적비 조명투광기 설치공사, 계약 집행 250만원

2014. 3. 5

용대백골장학회 장학금 지급기준 학교장에게 통지문 발송

2014. 3. 14

전인식(재향군인회) 장학회에 찬조금 200만원 보냄

2014. 3. 25

충용백골상을 3군단장 명의로 직접 시상하도록 요청하는 공문 발송(등기)(연대장에게도 공문 보냄)

2014. 4. 1

백골병단 전적비 **안내 도로표지판 설치비 50만원** 송금함

2014. 4. 7

「눈 덮인 산야」(전인식 저), 정오 정리, 봉투 · 초청장 발주함 <책34권째>

류해근 장군, 차주찬, 송세용 방문 협의함. 출판모임 2014. 4. 30 전쟁기념관에서

2014. 4. 30

전쟁기념관에서 「눈 덮인 산야」 출판모임 개최함

제작비용 5,588,400원, 기념행사비 4,247,350원, 광고(조선일보)비 5,087,500원 총 14,923,250원

2014. 5. 8

제58회 현충 6.25 참전 63주년 행사 초청장 150장 발주

2014. 5. 12

전적비 조명공사 착수금 100만원 송금 6.16 잔금 150만원 완불

2014. 5. 15

행사준비 군단에서 진행한다고 함

2014. 5. 26

도로표지판 이전 완료 및 조명시설 공사완료 공사비 송금(완료)

2014. 6. 2

전인식 **특전교육단 비정규전팀 특강함**(강사료는 전우회에)

2014. 6. 2

국가보훈처 6월 현충행사 지원금 300만원 입금

2014. 6. 5
2014년도 현충 59주년 **참전개선 63주년 기념행사** 3군단에서 집행함
본회 부담 식대 일부 49만원, 플래카드 20만원, 차량 65만원, 타올 69만원 본회 집행

2014. 6. 18
군 교육자료기관 19개 기관 「눈 덮인 山野」 책 기증함

2014. 6. 23
權泰鍾, 李翊宰 전우에게 훈장수여를 전인식 회장 개인자격으로 건의
(등기우편으로 육군총장, 참조 인사근무과장에게 발송)

2014. 6. 24
金鍾浩씨 사망, 아들에게 조의금 30만원 + 조화 會長 조의금 20만원 따로 보냄

2014. 8. 27~31
중국 계림 탐방 전우회원 10인 참가 (경비 664만원)

2014. 10. 16
충용특공상 기념 증자 협찬 요청 공문 회원에게 발송

2014. 10. 21
임동욱, 최희철 건강지원 위로함, 신만택 소장 전역 축하
축전

2014. 10. 21
전인식 충용특공상기금 출연 추가 348만원 헌금

2014. 10. 22
  증보(**눈 덮인 산야**) 재판 발행, 신국판 830쪽 전인식 편저

2014. 10. 27
  생존 추정 전우 64명 (보좌관 4인, 군인 4인, 이남표 박사 등 9인 포함)

2014. 10. 29
  본회 방문. 林東郁, 宋世鏞, 權泰鍾, 張之永 전우 요담 후 오찬

2014. 10. 29
  임시 임원회의, 2015년도 예산안 심의, 참전자 명부 확인 회의

2014. 11. 3
  2015년도 세입·세출예산(안)과 충용특공상 기금 확충 안내 공문 발송참전전우 생존 추정자 총 54명 명단 확인 통보함

2014. 11. 12
  1군수지원사령부 장기혁 원사, 전적비 경내에 설치된 탱크의 설치시기 등 문의전화
  답 : 2004년경 박홍렬 군단장이 설치한 것이라고 답함

2014. 12. 3
  전우회원 제주 관광 894,000원

2014. 12. 30
  평택 백제 석재에 충용특공상 관련 석재판 대금 160만원 송금함

2015년

2015. 1. 9
金寅泰 전우 사망.(화랑무공훈장 수여받음) 조의금 30만원, 조화 10만원 집행, 김상용 아들에게 송금
전인식 조의금 20만원 따로 보냄

2015. 1. 12
12연대 출신이라 자처하는 ? **"이대용"**, 국방부 → 송세용 동지에게 참전사실 요구했으나 거절한 자들 중도 이탈자들 ? (뒷날 "안병희"와 "이희용"이 참전인후보증을 했다 함. 이 사람들은 전혀 나타나지 않는 자들로서 참전사실 의문임)

2015. 1. 22
회원통신, 3월 24일 충용 윤창규 추모식 등 통지

2015. 2. 13
임원회의 개최, 2015년도 사업계획 예산안 의결, 오찬 7인 참석 (권태종, 김중신 등)

2015. 3. 24
충용 (고)윤창규 대위 전사 64주기 추모식 거행 (용대리에서)
703 특공연대장 주관, 류해근·정중민 장군 내외 및 전우 11인 외 내빈 인제군 교육장, 부군수, 보훈단체장 등 참석

2015. 4. 1
참전전우 차주찬, 송세용, 권태종, 장지영, 서인성을 전인식 회장이 초청 (특식 제공)
회의 : 임원 연임, 신규 : 윤경준, 홍금표 선출, 회칙 일부 개정, 수첩 원고 수정

2015. 4. 9
국가보훈처(재향군인회) 6월 현충추모행사 지원금 300만원 공문 도착

2015. 4. 23
전우회 임원회의 개최, 6월 현충행사 관련 협의 및 보고
참석자 : 전인식, 차주찬, 송세용, 장지영, 불참 : 권태종, 윤경준, 홍금표

2015. 5. 7
전인식 특전교육단 비정규전팀 교육생에게 **특강 실시** (강사료는 전우회에)

2015. 5. 12
제64회 현충 및 360여 전몰장병 합동 추모식 초청장 발송

2015. 6. 5
국가보훈처 6월 현충행사 지원금 300만원 입금 (재향군인회 경유)

2015. 6. 5~6
참전개선 제64회 현충 추모행사 거행 및 격전지 순례
국방부장관, 합참의장, 육군총장, 국가보훈처장, 재향군인회장, 3군단장, 갑종장교단중앙회장, 갑우산악회장, 용대장학회장 등 추모화환 보내옴

2015. 6. 5
현충 행사시 자부담 집행액 3,474,000원 집행

2015. 6. 15

육군본부 인사사령부 담당관 전화. **이익재, 권태종의 훈장 건이 국무회의를 통과**했다는 연락 받음

2015. 6. 18

6월 현충행사 결과보고, 재향군인회로 등기 발송 (재발송 6. 30)

2015. 6. 18

평택경찰서장에게 이익재 씨 자녀를 찾아달라고 속달등기 송부

2015. 7. 27

권태종 화랑무공훈장 수여사실 육본에서 전화옴

2015. 8. 5

권태종 씨 화랑무공 훈장 사본 지참 본회 방문함

2015. 8. 24

玄再善 회원 사망 (아들 전통 8.24, 09:30), 조전, 조의금 부의

2015. 8. 25

2016년 **참전 65주년, 본회 창립 55주년**, 용대 백골장학회 10주년, 충용특공상 제정 5주년 기념행사 관련 회의자료 송부, 회의 일시 (2015. 9. 11. 11시 회장실)

2015. 9. 3

육본 인사사령부 초청(6.25 참전 단체장) 행사에 전인식, 차주찬 참석

2015. 9. 7

권태종 소위 (결사 11R 3대대) **9사단에서 화랑무공훈장** 전수 (전인식 등 5인 참석)

2015. 10. 13

전인식 특수전교육단 교육생에게 특전 경험담 특강함

2015. 10. 22~24

전인식, 임동욱, 송세용, 권태종 포항, 울진, 동해, 강릉 속초, 용대리 전적지 탐방. 대게를 맛있게 포식함

2015. 11. 5

<u>본회 부회장 權寧哲 사망</u>. 조화 + 조의금 + 부의 (송세용, 장지영, 권태종)

이천 호국원 안장요구 [청원서 작성 제출(전인식)]

2015. 11. 20

참 좋은 영상 PD 박종언 등 4인 본회 방문, 촬영 2시간

2015. 12. 22

백골병단 전적비 요도 수정 및 정비함. 소용비용 70만원

2015. 12. 28

송세용, 장지영, 홍금표, 차주찬, 서인성 제씨 본회 (위문차) 방문

2016년

2016. 1. 7

2016년도 참전 기념 행사 계획 파악, 강원서부보훈지청 발 (033-258-3607)

2016. 1. 11

본회 공문 응신 (5,975,000원) 함 (결사 16-1-1호)

2016. 2. 1

노병의 65년 제작비 3,126,000원 소요집행

2016. 2. 24

권영철 회장 이천 호국원 심사 후 안장됨

(전인식 2015. 11. 10. 탄원서 제출효과)

이천 호국원 **위치 : 24241003 / 2016. 2. 24.**

2016. 3. 9

현충행사 준비 및 4월 65주년 행사준비를 위한 임원회의 개최

(전인식, 차주찬, 송세용, 임동욱, 홍금표, 장지영, 윤경준, 권태종 등 참석)

인사말, 감사패, 공로·감사패, 결의문안 등 협의

4. 14. 행사 예산 『노병의 65년』 316만원 외 전인식 부담 184만원 등 500만원 외 추가 찬조 300만원 합계 1,100만원 지원으로 6월 행사비 590만원까지 사용계획 협의

2016. 3. 22

본회 회장, 총무위장 차주찬, 회원위장 송세용 회의 4월 행사 계획 협의 및 4월 22일 ~ 24일 국내여행 계획 협의함 {국내여행 (한려수도 3일, 하나투어) 은 5월 6 ~ 8일로 변경함}

2016. 4. 14

전쟁기념관 뮤지엄 웨딩홀 **"노병의 65년" 기념행사 거행**
<책35권째>

이진삼 총장 외 120여명 참석, 성료함. 류해근 50, 정중민 20, 이의재 10, 원치명 20, 송세용 20, 홍금표 20, 권태종 10, 서인성 10 등 총 328만원 협찬.
추가 임동욱 20, 최희철 10 합계 358만원 전우회에 헌금함

2016. 4. 18
건강기원 최희철 20, 김항태 10, 김송규 10, 전영도 10, 류해근 20 위로금 보냄
건강기원 위로금 713,000원 송금 위로전문 보냄

2016. 4. 20
행사결과 보고 간담회 : 차주찬, 송세용, 홍금표, 권태종, 서인성 등 참석
대통령 외 10개 기관에 『노병의 65년』 책 기증함

2016. 5. 2
전인식 무공훈장 수여 대상 추가 신청 (홍금표 이상, 임동욱 일중) 등기 신청함

2016. 5. 9
건강기원 위로금 김항태 10, 박용주 10, 황태규 10
계 300,000원 송금

2016. 5. 12
보훈처 강원서부보훈지청 6월 현충추모식 지원금 300만원 통지와 거래통장 만들기, 국고보조금 교부 신청서 등 제출공문 2016. 5. 16 접수

2016. 5. 16

보훈지청 요구대로 0원 통장개설 현금거래없이 0원 통장으로 실행 예산 요구함

2016. 5. 17

국고보조금 교부 신청서 등기로 우송함

2016. 5. 17

조선일보 광고『노병의 65년』의뢰함. 5월 25일 게재 부탁, 165만원 지출

2016. 6. 3

제61회 호국보훈의 달, 참전개선 65주년 행사 거행

류해근 장군, 정중민 장군, 이의재, 이준용 장군 등과 전우회원 11인 참석함

국가보훈처 지원 300만원과 전우회 부담 300여만원으로 집행

2016. 6. 3

참전전우회 회칙 전면 개정 시행하고 회원 전원(비참여자 포함)에게 등기로 과거 기념사업회 출자 관계 삭제한 개정 회칙을 보냄 (6. 7 시행)

2016. 6. 10

<u>朴用周</u> 전우 사망, 2016. 6. 13 통보 접수 (조의금 보냄, 국립묘지 영안당에 안장했다함)

2016. 6. 22

박종선 장군 회비 20만원 입금 (본회 방문 외 김응진 해군(예)대령과 내방)

2016. 6. 28

이진삼 장군 출판기념회 (대형화환 + 축하금 20만원 보냄) 전인식 축하함 (전인식, 송세용, 홍금표, 장지영, 서인성 참석) 국방회관 3층

2016. 6. 28

강원도 강릉시 연곡면(에서 참전한 현지인 중 1인) 진고개로 1311-9 이복규 씨 6.25 참전 전투보조원 참전사실 강릉보훈지청에 등기 신청 (전인식)

2016. 6. 29

703 특공 2대대, 1대장 병사에게 초코파이 2개씩(50박스) 6.25 기념 선물 보냄 (16만원)

2016. 6. 30

연곡면 삼산리 거주 이복규 씨(백골병단 민간 정보요원 참전자)의 참전사실 확인을 신청(강릉지청에) 했으나, 조사결과 16년 전에 이미 현역근무 참전자로 등록되었으므로 신청불가하다함 (二重不可하다함)

2016. 7. 12~14

제주도 관광 전우회원 9인, 초청인 6인 계 15인 관광함 전인식 회장이 전우들 9인×15만원씩 135만원 지원하였음 (생일 축하 겸)

2016. 7. 15

전인식, 전우회원으로부터 받은 생일 격려·축하금 155만원 전액을 전우회에 헌금함. (송세용 20, 홍금표 20, 임동욱 20, 권태종 20, 장지영 20, 서인성 20, 윤경준

15, 김항태 10, 차주찬 10 계 155만원 보내온 것 전우회에 전액 기부함) 제주관광비용 일체는 전인식 부담

2016. 7. 15

SBS 강원 민방과 6.25 참전부터 백골병단 활약상에 대한 방송 인터뷰 함

2016. 7. 20

특전사 이전기념 대형거울(80×190cm) 기증, 발주함 (7. 29 이천으로 전달)

2016. 7. 26

박승록 씨 전화 (큰 딸이 연락함) 아직도 와병 중이라 함 (14시 40분)

2016. 7. 28

박승록 동지에 위로금 보냄 (200,000 원)

2016. 7. 29

SBS 강원 민방에서 DMZ 스토리(강원춘천방송) 오후 6시 5분에 백골병단 (전인식) 방송 (작가 윤희정)

2016. 8. 4

국군의 날 행사 참가자 명단 제출함. 향군 → 국방부로 전인식, 이남표, 권태종, 임동욱, 장지영, 윤경준, 김항태, 송세용, 서인성, 홍금표 (주민번호 순)

2016. 8. 12

李南杓 동지 미수(88세) 축하 화분 보냄

2016. 8. 19

참전전우회 일지 대폭 정비함

2016. 8. 23

참전전우 각종 부담금 및 명단 최종 정리함 (참전자 136명 파악)

2016. 10. 1

참전전우 "국군의 날" 축하행사에 참가

(이남표, 송세용, 임동욱, 장지영, 권태종, 김항태, 서인성)

2016. 10. 11

임동욱 미수(88세) 축하 화분 보냄

2016. 10. 13

전인식, 육군본부 직할 결사대 전쟁기록 원고 완성

2016. 10. 17

결사대 책 출판비 227만원 전인식 부담

2016. 11. 6

703 특공2대대 박재주 상사, 전적비 명판 3개 현지에서 측정, 회장에게 통보함

2016. 11. 7

전적비에 있는 참전자 명단 측정 크기에 맞게 원고 작성함

2016. 11. 8

참전자 명판 3개 원고 인계함

2016. 11. 9

일본 규슈지방으로 여행함. 전인식 지원 60만원(6인× 10만원), 11월 11일 귀경함. (전인식, 송세용, 홍금표,

장지영, 권태종, 윤경준, 서인성 참가)

2016. 11. 11

전인식 저, 『육군본부 직할 결사대』 발간, 374쪽, 값 15,000원 <책36권째>

2016. 11. 15

『육군본부 직할 결사대』 책을 육군 각 부대에 보내라는 류해근 장군 요청을 받아 특전사 46부, 교육사 71부, 1군단 33부, 2군단 35부, 3군단 33부, 5군단 40부, 6군단 18부, 8군단 22부와 도서관, 군사령부 등 353권 기증함

2016. 11. 19

참전자 명판 3개 제작, 첨부 완료, 전인식 295만원 개인 부담 송금

2016. 11. 21

회원 등 26명에게 공문 발송함

2016. 11. 25

송세용, 홍금표 방문, 참전자 명판대 찬조, 250만원 중 125만원 전인식 부담, 전인식 찬조 170만원 등 295만원 지급, 125만원은 전우회 기금으로 이전함

2016. 12. 6

춘천보훈지청에서 보조금 잔액 19,500원 확정 및 집행 잔액 반납 통보 받음

2016. 12. 6

우리은행에 집행잔액(국고보조금) 19,500원 국고에 반납함

2016. 12. 20

총회 겸 망년회, 전인식, 차주찬, 송세용, 홍금표, 장지영, 서인성, 임동욱, 류해근 장군, 이준용 장군, 소병성, 김응섭, 양재학, 이찬희, 남승호 외 1명, 회사직원 4인, 불의에 오석현 참석 등 20명 참석, 축하 떡, 식대 88만원 등 계 100만원

2016. 12. 21

송년회비 881,000원 집행

2017년

2017. 1. 20

송세용 위원장, 생신 꽃바구니 보냄

2017. 1. 20

이준용 장군과 박철우 프로덕션 대표와 전인식「다큐」 1,200만원으로 계약함

선금 300만원 교부함. **"6.25 전후부터 육군 결사대 활동과 그 후" 3부작**? 등 50 ~ 80분 정도로 요구함

2017. 1. 24

원치명 건, 특수임무수행자보상심의위원회 조사관과 인우보증인(전인식) 조사 받음(3시간 정도)

2017. 2. 20

백골병단 창설 66주년 모임 행사 가짐
(전인식, 권태종, 장지영, 차주찬, 서인성 참석)

2017. 3. 10

2017년도 현충행사 지원(300만원) 춘천보훈지청으로부터 통지 접수함

2017. 3. 16

마포세무서에서 육군본부 직할 결사대 전우회 기관 고유번호증 교부, 수령함

고유번호 : 264-80-00718 대표자 : 전인식

2017. 3. 31

회원 18인(전원에게)에 돌김 선물함 450,000원

2017. 4. 28

권태종, 홍금표, 송세용 본회 방문

2017. 5. 10

6월 현충행사 회장 인사말 중 종북좌파 등 어휘 수정함.

2017. 6. 5

참전 66주년 제62회 6월 현충추모식 거행

(참전자 : 전인식, 차주찬, 송세용, 임동욱, 권태종, 홍금표, 윤경준, 김항태, 서인성, 김용필, 이남표, 장지영)

(이유없이 불참자 : 안병희, 오석현)

류해근 장군 내외, 정중민 장군 내외, 이의재 · 이준용 장군 참석

2017. 6. 7

건강이 좋지 않은 전우 전영도, 최윤우, 박승록, 김송규, 최희철, 황태규, 김중신, 홍금표, 차주찬 등 9인에게 위로금 133만원을 보냄

2017. 6. 8
결과보고 공문 발송 46개소

2017. 6. 19
결과보고 보훈처 강원서부보훈지청에 결과 보고

2017. 6. 26 ~ 28
강원지구 일주(하나관광) 참여 : 전인식, 송세용, 권태종, 홍금표, 장지영, 윤경준, 서인성 참가. 1인당 48만원 각자 부담
임동욱 불참. 환불금 전우회 찬조금 432,000원으로 처리

2017. 6. 29
홍금표, 임동욱의 훈장 신청(2016. 5. 2자) 공간에 없어 불가하다는 통지 등기 접수

2017. 7. 19
차주찬 생일 축하함

2017. 7. 25
이준용 장군 육직결사대 영상제작 내용 수정차 방문, 협의

2017. 8. 3
위로금 11R 출신 최윤우(20), 박승록(20), 최희철(20), 황태규(10) 각 20만원씩 700,000원 보냄
<귀하의 건강회복을 기원하며, 가족의 강녕을 빕니다>
전인식이라고 타전

2017. 8. 8
6.25 참전·개선 66, 전우회 창립 56주년 기념행사 예정

2017. 8. 22
　육군회관 5층 장미홀에서 참전 66주년 전우회 창립 56주년 기념행사 거행
　류해근 장군 내외, 정중민 장군 내외, 박종선·이의재·이준용 장군 외
　특전사 3인, 구월산유격대 3인, 문산중 총동문회 4인 등 42명 성료함
　국민의례, 시루떡 절단, 참전 영상물 시청, 칵테일코너 운영 등

2017. 8. 23
　56주년 행사 전우회 찬조 176만원 개별 찬조처리, 외부 찬조 60만원은 전인식. 행사 총 경비 189만원 전인식 전액 부담함
　결과 보고문을 관계인에게 보내고, 꽃을 보낸 분들에게는 선물 택배 우송함.

2017. 8. 24
　9월 28일 계룡대 거행, 국군의 날 행사 참가자 확인 후 E-mail 송부
　임동욱, 장지영, 윤경준, 서인성 참석한다 함

2017. 8. 29
　18년도 예산안 및 56주년 행사 사진을 참석자 모두에게 발송함

2017. 9. 1
　국립서울현충원장에게 위패 집합 정비 요청 공문 발송 (위패 57위 분산된 것)

2017. 9. 2

장지영 미수 축하 화분 보냄. 9월 2일 도착

2017. 9. 7

전적비 경내 소나무 약 24본의 전정·조경공사 의뢰 (160만원 상당으로)

2017. 9. 12

전정·조경이 되었다고 함으로 확인차 출장함
(전인식, 송세용, 차주찬 3인)

2017. 9. 14

권영철 딸 본회 방문, **조계사 안국동 위패실 1453번**에 위패 안치되었다 함. 부인에게 위로금 교부 (전인식 사비)

2017. 9. 20

결사 유격 13연대 일병 **한진홍**(경주 출생) 51년 2월 설악산 저항령 일대에서 공비 토벌시 전사했다는 유골을 등산객이 발견한 것을 유해발굴단이 DNA 검사 후 그 아들 한윤식(68·경남 합천시)과 일치하여 전사통지, 국립현충원에 안장키로 했다는 조선일보, 동아일보, 국방일보 2017. 9. 20 자에 보도
본회에서 확인 결과 명단이 없음 (불명임) (51년 2월 설악산에서 공비토벌했다는 것은? 잘못 아는것과 같음)

2017. 9. 21

국립서울현충원 민원 회답 (2017. 9. 14)
위패 집합은 실정상 불가하다는 회신 도착 (등기)

2017. 9. 22

소나무 전정공사 중간 타절 공사비 80만원 지불함

2017. 10. 10

　임동욱 감사 생신 축하 꽃바구니 (10. 11 도착)

2017. 10. 18

　류해근 장군 생신 축하 화분 보냄 (10. 18 도착)

2017. 11. 6

　『적진후방 팔백리의 혈투』인쇄 의뢰

2017. 11. 16

　『적진후방 팔백리의 혈투』도서 출판됨 제작비 268만원
　전인식 자비 출판함　　　　＜책37권째＞

2017. 11. 24

　확대 임원회의 및 망년회 참석자에게 도서 1권, 사용된 수건 + USB 또는 DVD 1개씩 증정함.
　　참석자 : 전인식, 차주찬, 송세용, 임동욱, 권태종, 장지영,
　　　　　　서인성, 홍금표, 윤경준, 이준용 장군, 김응섭 실
　　　　　　장　비용 428,000원 본회 부담

2017. 11. 27

　임원 확대회의 결과 보고서 발송 (25명)

2017. 11. 28

　USB 21개, 도서 11권 기증, 발송
　USB 50개 추가 발주함.　47만원(전인식 부담)

2018년

2018. 1. 8

　이덕일 전우 뉴욕에서 전화 옴. 책과 USB 보냄
　송료 30,000원

2018. 1. 10

류해근 장군 위로금 보냄 (203만원)

2018. 1. 15

2018년도 현충행사 계획 제출 지시, 강원서부보훈지청에서 도착, 1부 이메일 송부

2018. 1. 19

회원통신 29통 발송, 703연대장, 대대장, 인사근무장교에게는 참고용으로 발송함

2018. 1. 24

류해근 장군 사망, 1월 25일 조문함(대전 2장군묘 454호) 영결안장식 1월 27일 11시 대전 국립현충원 장군2묘역 안장

2018. 1. 29

- 18-1-2호 전적기념물인 전적비 긴급 보수 요청, 국가보훈처장에게 참조, 서부지청
- 18-1-3호 결사대 역사 전시관 설치 의견 수렴
국가보훈처, 육군참모총장, 특전사령관 등 30개소에 보냄
<u>오석현 부인 사망 조화 보냄</u>

2018. 2. 8

- 국가보훈처 전시관 설치의 건은 관할 보훈지청에 신청하라는 것
- 국가보훈처, 서부보훈지청 위 건에 대하여 2019년도에 집행하려면 2월 23일까지 사업계획서 제출하라는 것
- 국가보훈처, 강원서부보훈지청 시설물보수지원은 국방부가 관리주체이므로 국고보조금 지원은 불가하다고 함

- 류해근 장군 아들이 나에게 전화해 식사대접 하겠다는 것을, 고마우나 사절했음
- 본회 송세용 전우 미수 생신 축하 꽃바구니

2018. 2. 9
전인식 각종 보훈행사기록 정리(역사기록관용)

2018. 2. 21
역사기록관 부지 조사차 전인식, 김응섭 실장과 용대리 방문, 기념관 위치(주차장 탱크 옆) 결정함

2018. 2. 27
회원에게 육군본부 초청에 참여 여부(회신 요망) 공문 발송

2018. 3. 19
강원서부보훈지청 6월 추모식 국고보조 300만원 지급 결정 통지 접수

2018. 3. 21
육직결사대 역사 전시관 자료 제출 협조 요청 등기우편 19인에게 발송(비참여자에게도)

2018. 3. 28
전영도씨 등기우편 반송, 전화도 불통이라 함(차주찬 등 증언)

2018. 3. 29
서인성씨 과거 12사단 37연대에서 화랑훈장 2개 받은 사실 확인서 제출

2018. 4. 6

임동욱씨 옛날 사진 2매 보내옴. 편집 후 당일 등기로 반송함

2018. 4. 11

본회 차주찬, 송세용, 권태종, 장지영, 서인성, 홍금표, 김응섭 실장 방문

홍금표씨 옛날 육군 병원에서의 사진 지참

2018. 4. 25

윤경준 미수 생신 축하 꽃바구니 보냄

2018. 4. 30

백골병단 역사 전시관 2,800여만원으로 계약함(사진, 기타포함 총4,700만원 상당 예상) 18.5.25까지 완성키로 전인식 전액 부담함

2018. 5. 2

착수금 1,500만원 지급(전인식 지급)

2018. 5. 4

최희철 20, 박승록 20, 황태규 10, 김송규 10, 안병희 10, 계 700,000원 위로금으로 송금함

2018. 5. 4

화보 24권 송부 함. 차주찬과 장군 등 외

2018. 5. 4

참전 67주년 및 360여 전몰장병 합동추모식 초청장 126매 발송

2018. 5. 10

김항태 미수 생신 축하 꽃바구니 보냄

2018. 5. 21

특공703 2대대 위로금 50만원 송금 격려함

2018. 5. 28

백골병단 역사 기념관 잔금 850만원 지급 완결함(총 사업비 41,615,000원) (사진류 별도) (전인식 전액부담)

서인성 현충 행사 찬조금 100만원 입금

2018. 6. 5

제67주년 6월 현충추모식 및 백골병단 역사 기념관 개관 기념행사. 역사관을 703특공 연대장에게 서류 일체와 함께 인계(기증)함

행사 찬조

송세용 50, 장지영 50, 홍금표 50, 서인성 100, 차주찬, 권태종, 김용필 각 30, 임동욱 25, 윤경준 20, 이준용 장군 20, 김항태 5, 안병희 5, 병기 동우 10, 정승섭 20, 전영식 10 등 찬조 있음. 총 465만원 전우회 입금

집행잔입금 22만여원 반납. 전인식 현충행사 찬조 110만원

2018. 6. 8

회원에게 행사보고 통신 발송 15통 (이준용, 병기, 전영식 포함) (사진 보냄)

2018. 6. 14

제주도 관광 안내(일정표) 발송 10통(20만원 이상 찬조자) (김용필 불참) 여행경비 279만원임

2018. 6. 20

현충행사 국고보조금 집행 결과 보고서 발송(등기) (강원 서부보훈지청에)

2018. 6. 20

6.25 참전 영웅 위로연(롯데호텔)에 홍금표, 서인성 전우 참석

2018. 6. 22

2019년도 세입세출 예산안 공람, 동지 14인외 김송규, 임병기 회원에게 송부

2018. 8. 7

유호상 팀장 딸 결혼 축하

2018. 8. 13

이남표 전우 9순 축하(화분)

2018. 8. 23

최윤우 전우 사망 조화 및 30만원 조의, 회장 개인 50만원 조의

2018. 8. 23

08-03호 백골병단 추모행사 일정의견 조회, 등기 25통 발송 반신(의견회송)봉투 첨부 했음.

2018. 9. 7

임원회의 결과 보고. 2019년도 예산안 996만원 추모행사 의견 수렴

매년 6월 첫째 주 평일에 개최 찬성 7인, 4월 23일 4인, 4월 15일 3인으로 **6월 첫 주 평일 개최로 잠정 결정**

2018. 9. 12

백령도 관광지원 전인식 350,000원, 송세용 80,000원 찬조

2018. 9. 21

육군본부 인사사령부 제대군인 지원처에서 6.25 참전 유격대 전우회 회원 초청 위로 행사에 관하여 10.18 11시 개최를 국정감사 관계로 10.30 11시로 변경되었다는 통지

2018. 10. 10

본회에서 참가자 전인식외 11인 계 12인 참석자에게 참석안내문을 발송함

2018. 10. 21

전우회 국내여행 백령도 탐방. 전인식, 송세용, 장지영, 권태종, 서인성 5인 참가(1박2일) 총 경비 743,000원 각자부담(특별식 전인식 부담 찬조 15만원+20만원, 송세용 찬조 8만원)

2018. 10. 30

육군본부 초청 6.25 특수작전부대 초청행사 참가 : 전인식, 차주찬, 송세용, 장지영, 윤경준, 권태종, 서인성, 김용필, 임동욱, 홍금표 참석, 불참: 김항태

2018. 11. 2

재향군인회 참전단체장 간담회 초청장 도착 일시 : 18. 11. 28 (수) 11~13시 미국 내 추모의 벽 모금에 본회 20만원 협찬함(11/5 향군에 송금)

2018. 11. 12

육군 위국헌신 기금찬조 육군본부에 50만원(전인식 부담)

2018. 11. 14

전우회에 전인식 찬조 50만원

2018. 11. 14

육군본부 위문헌신기금 전인식 찬조 800,000원 전우회 500,000원

2018. 11. 26

동해지역 참전 유격대 연합 전우회 회장 홍창의란 사람이 육군본부직할결사유격대 전우회장에게 서신, 13개 단체의 5번째로 육군 제1백골병단 541명의 단체가 있어 11.27 송세용 전우에게 그 단체의 주소가 인천 계양구 계산로 49로 201에서 발송되었으니 그 정체를 알아보라고 했던바 회장이란 사람도 유격단체의 보도자료에서 추려낸 것으로, 송세용 동지의 항의로 삭제하겠다면서 미안하다고 하더란다.

2018. 12. 11

육군회관 5층 회의실에서 6.25참전 67주년 기념행사 거행 (사회 차주찬)

박종선 10, 이의재 장군 5, 김응섭, 송달용, 심재득 회장, 문산중고 조원민 동창회장 10, 이찬희, 윤훈용 10, 구월산유격부대전우회장 박부서씨, 남승호 특전맨, 차주찬 10, 송세용 10, 임동욱 20, 홍금표 10, 장지영 10, 서인성 10, 김용필 5, 윤경준 5, 권태종 5 등 찬조금 누계 120만원 전우회 입금. 총 경비지출액은 945,100원

2018. 12. 11
  19년도 회비 권태종 30, 서인성 30 납부함
2018. 12. 13
  6.25참전 67주년 행사 결과 보고 회원 통신 발송 사진 포함
2018. 12. 21
  육군참모총장 전인식에게 탁상 카렌다 보내옴
2018. 12. 24
  육군인사사령부에서 카렌다 5, 탁상 3개 보내옴
  카렌다 : 차주찬, 송세용, 이남표, 서인성, 임동욱에 김용필, 홍금표, 장지영에게 탁상 보냄 윤경준에게 향군카렌다 보냄 송료 9×3,500 22,500 회사부담

2019년

2019. 1. 10
  2019년도 민간단체 주관 참전 기념행사 계획 제출. 강원서부보훈지청 2019. 1. 24까지 이메일 제출
2019. 1. 17
  특공2대대 장병 구정 위문 (50만원 송금)
2019. 1. 17
  2019년도 호국용사 추모행사 춘천보훈지청에 계획을 통보 (2019년도 현충행사 300+240 계 540만원으로 집행 예정)
2019. 1. 18
  전인식 전우회에 찬조 50만원, 2.18에 추가 50만원 계 100만원 찬조함

2019. 2. 14

회원통신 발송 14인에게 회비 납부상황과 함께 통지

2019. 2. 28

원치명 전우 본회 방문 찬조금 150만원 찬조 전우회 통장에 입금

2019. 3. 5

권태종 전우 본회 방문 오찬 베품 (전직원 포함)

2019. 3. 5

송세용 전우, 춘계모임 주선함. 송세용, 차주찬, 권태종, 장지영, 서인성 전우와 김용필 전우 부인에게 전달 등 6~7인 참석 예상

2019. 3. 15

춘계 전우모임 개최

송세용, 차주찬 임동욱, 홍금표, 권태종, 서인성, 장지영, 윤경준, 김용필, 김응섭, 전인식 등 참석.

불참 이남표, 안병희, 김항태, 김중신, 원치명 등

당 일 : 서인성 회원 홈페이지 백골병단 강화주장, 장지영 회원 행사당일 식대 통일 요구, 차주찬 회원 행사 계획 의견, 이날 참가비 송세용, 권태종 각 10만원 차주찬, 홍금표, 서인성, 장지영, 김용필 각 5만원 등 45만원 전우회에 입금. 이 날의 식대 등 285,000원 전우회 부담

2019. 3. 18

국가보훈처 강원서부보훈지청에서 현충행사 보조금 300만원 지원 공문 도착

2019. 4. 10
재향군인회장 친목단체장에게 추모의 벽 성금에 대한 감사인사 서신 도착

2019. 4. 19
육군협회 김판규 회장 한미연합사령관 초청 조찬회에 본회 회장 초청장 도착

2019. 5. 31
이남표 특별 찬조 30만원

2019. 6. 4
2019년도 전몰장병 360여 **제68주년 6월 합동 추모제** 거행
본회 지원 2,615,000원 집행 (전인식 145만원 찬조)

2019. 6. 4
현충 행사시 찬조 박종선 10, 이준용 30, 김한린 30, 송세용 외 5인 50, 윤경준 5, 전인식 가족 4인 40, 박부서 10, 병기 한국장 10, 파주장우 10 계 195만원 전우회 입금.

2019. 6. 11
6.25참전 전몰장병 68주년 행사결과보고 회원 및 내빈에게 알림

2019. 6. 18
보훈처 강원서부보훈지청에 6월 행사 집행결과보고서 등기 송부함

2019. 6. 28

백골병단 해단 68주년 행사 인천차이나타운 연경에서 거행 25인 참석 오찬 경비는 전우회가 부담함

전인식, 박종선 장군, 이준용 장군, 차주찬, 송세용. 임동욱, 권태종, 장지영, 서인성, 김용필, 원치명, 홍금표, 이남표, 김항태, 김응진(예)해군대령, 김응섭 실장, 이찬희 회장, 진행요원 8인 외 참석

오찬 후 박종선 장군의 백골병단 장래에 대한 의견이 있었고, 이준용 장군의 6.25와 백골병단에 대한 충언이 있은 뒤 (참석자는 회원 12 외 13명 참석) 전인식 회장의 대외비 설명과 백골병단 해단에 관한 의견 보고와 2020년도 세입세출예산안 보고 채택이 있었다. <u>회원은 년 20만원, 수훈자는 50만원, 회장 80만원, 명예회원 10만원</u>으로 하고, 매년 3.24에는 (고)윤창규 대위의 충용 추모식을 갖기로 만장일치 채택되고, <u>회장사임은 부결되고, 송세용 전우를 부회장으로 선임</u> 가결하다. 이후 맥아더 동상을 참배하고, 헌화 후 월미도공원을 산책 한 뒤 해산하다. <u>오찬식대 1,064천원은 회비에서 지출</u>하다.

2019. 7. 4

참전자 17인에게 기념촬영 사진대금 17,102원 지출하고, 사진우송비 6,300원 지출

2019. 7. 9

전인식 300만원 별도 전우회에 특별 찬조함

2019. 7. 17

전인식: 백골병단전사 1993, 육군본부발행 한국전쟁과

유격전 1994, 육군본부직할결사대 60년사 2010, 위 3권의 자료에서 전공이 있는 자를 발굴 함. 20여년전부터 기획하던 것을 7월 1일부터 정리하기 시작한 것을 완성하여 송세용 부회장이 일독한 후, 오찬(전인식 부담) 후 헤어짐

2019. 7. 19

육본에 2019. 7. 19. 등기로 발송예정. 참조: 육군본부 공적심의위원장에게

2019. 7. 26

본회 방문 송세용, 차주찬, 임동욱, 장지영, 권태종, 서인성 6인 이 50만원을 전회장에게 찬조한 것을 전인식이 본회에 입금
오찬시 : 박종선 장군, 김웅진 대령, 김웅섭 실장 참석
식대 : 전인식 부담

2019. 8. 1

백골병단 선양회 "가칭" 관련 정관 등 심의. 전인식, 송세용, 차주찬, 권태종, 장지영, 홍금표, 서인성 7인, 합의: 선양회는 별도 설립하되 전우회는 직접 참여하지 않기로 의결. 오찬식때 126,000원을 홍금표 전우 찬조함

2019. 8. 14

육군본부 인사사령부 보훈지원과에서 6.25전쟁 추가 서훈 신청에 대한 일부 회신(8.19 도착) 재신청 양식에 따라 신청하라는 것

2019. 8. 23

송세용 부회장에게 알려 몇 사람이 공훈대상을 협의하자고 함

2019. 8. 30

송세용, 차주찬, 장지영 위원이 회동하기로 함 9/3 협의함

2019. 9. 16

본회 홍금표 전우와 송세용 전우 방문, 홍금표씨에게 6.25 공훈서 자료를 인계함 홍금표 위원 사무국 직원 격려함

2019. 9. 20

전인식, 윤창규, 권영철 공훈 신청, 육본 인사사령부에 등기로 신청함

(고)최인태씨 아들 최영호 본회 방문(선물 가져옴)

6.25 공로훈장 상신 자료 인계. 전인식 따로 보증 함

2019. 9. 20

송세용, 권태종, 장지영, 서인성, 차주찬, 김용필, 홍금표 (7인) 본회 방문 전인식에게 출판기념으로 140만원 줌.

백골병단과 나의 90년 인생의 저작기념으로 이 날 오찬은 전인식 부담

2019. 9. 20

백골병단과 나의 90년 인생 전인식 저 자비 출판

<책38번째>

2019. 9. 23

본회 임동욱 전우 방문 상훈관계 서류 작성한 자료 일체를 인계함

2019. 9. 25

육군총장 제대군인 전우회장 초청공문 도착. 행사, 19. 11. 1. 11:00 전쟁기념관에서

2019. 9. 30

참전전우 초청 오찬 예정을 전인식의 건강악화로 10. 1로 연기함

2019. 10. 1

차년도 예산으로 전인식 찬조 100만원 헌금

2019. 10. 7

부회장 송세용이 대리 참석한다고 통지함. 김응섭 실장 부친상에 조화 보냄

2019. 10. 10

전우회장 강원도 탐방 렌터카 예약금 24만원 전인식 부담 송금함. 회원 6인 참가 예정

2019. 10. 16~18

강원일주 탐방 결산내역

서울 → 홍천 → 용대리(전적비 참배) → 속초 → 묵호(동해시)

동해 숙박 당일 : 886,000원 주유비 (팁·특식포함)

동해 → 삼척 → 태백 → 고한 → 사북 → 영월 → 평창 → 안흥 → 양양(도중 변경)

양양 → 진동리(단목령 넘어)(유골 발굴한 곳) → 현리(3군단) → 인제 숙박 당일 : 679,000원

인제 → 청평 → 가평 → 서울 333,000원

소계 1,898,000원

렌트카비 → 계약금 240,000원, 렌트비 700,000원, 팁 100,000원(별도)　　　　　　　소계 1,040,000원
수고비 300,000원, 통행료 30,000원
　　　　　　　　　　　　　　　총 합계 3,268,000원
참가자 : 송세용, 홍금표, 권태종, 장지영, 서인성, 전인식
각 30만원씩 180만 부담함
(예산 3,246,000) 집행액 : 3,268,000원 - 회원 부담 : 1,800,000 = 1,468,000(전인식 부담)
순수지원금(전인식 부담)

2019. 10. 21
사진대 9.500원, 송료 2,000원 (회사부담)

2019. 10. 25
본회에 감사 전화 : 서인성, 송세용, 홍금표 회원, 장지영 (사진)

2019. 10. 31
국가보훈처장주관 결사유격 11연대 출신 고 김영인씨에 대한 영결식 거행(국방일보에서) 우리 전우회에는 김영인씨 명단이 없음. 혹시 정보사 등에 명단이 있다면…? 알 수 없는 일

2019. 11. 4
본회 송세용 11/1 육군본부 초청행사 참가내용 전화로 본회에 알림.

2019. 11. 4
결산자료 완성 및 12/18 년말총회 소집용 우표 150매 구입

2019. 11. 5
년말모임 초청장 발송(회원 등 60인 포함)

2019. 11. 12
국방일보 병영의 창19에 김해수씨 (고)김영인 대원 아들의 글이 실렸다.
「고(故)김영인 대원이 자랑스러운 유품으로 남기신 태극 문양의 군복 단추는 평생 가보로 간직할 것이다」라는 내용이 있다. 11연대에는 군복이 없었는데?

2019. 11. 22
특공2대대에서 11R출신이란 "황주헌"(천안거주)이등중사란 사람의 아들이 2대대에 나타났다는 전화 연락이 왔음. 우리 명단에는 없는 사람인듯 한데 ……

2019. 11. 27
본회 위로 방문(박종선 장군, 김응진(예)대령) 사무처에 선물 주심

2019. 11. 28
육군본부에서 달력5, 탁상2 보내옴(달력 : 차주찬, 홍금표, 임동욱, 김용필, 이남표에게, 탁상용은 송세용, 전인식에게), 재향군인회 달력 12/3 장지영, 서인성에게 택배로 8×2,500원=20,000원 회사부담

2019. 12. 3
현재 회비납부(2020년도 분) (단위 만원)
2020년도 회비납부자 : 송세용50, 홍금표30, 정중민10(대), 이의재(대)10, 전인식80만원 (회비), 차주찬20, 권태종50 입니다.

※ 홍금표 30中 10만원은 찬조처리 했음. 차주찬 별도 찬조 30만원(전우회에)

2019. 12. 18
아만티 호텔에서 송년회 개최 총회비용 187만원

2020년

2020. 1. 6
회비 납부 : 안병희 50, 장지영 50, 김응섭 실장 10, 회비 납부함

2020. 1. 7
연말 구정선물 회원 11명에게 회장 개인이 49,500×11인 545,000원 선물함

2020. 1. 14
대통령에게 보내는 탄원서 협의함. 송세용, 차주찬, 장지영, 서인성, 전인식 참여 이 날 오찬은 서교가든에서 (65,000원 장지영 부담)

2020. 1. 17
문재인 대통령에게 청원서 등기 우송함

2020. 1. 20
강원서부보훈지청에서 2019년 현충행사 보고서 검토 확정통보 접수함

2020. 1. 30
강원서부보훈지청에서 2020년도 참전기념행사 계획 제출안내 등기 도착

2020. 1. 31
2020년도 행사 계획 E메일로 전송함

2020. 2. 26
20. 1. 17. 문재인 대통령에게 청원한 것 국방부 인사기획 관리과에서 회신 도착
명단 제공은 개인정보 보고대상이라 불가하고, 재입법은 검토대상이며, 상훈은 계속 검토대상이라 함

2020. 2. 27
송세용 부회장과 3/24 윤창규 대위 추모행사 관계 집중토의, 플랜카드 1개 발주 수건 발주함

2020. 3. 6
전쟁기념관 전시장 안내 담당자 최모씨 전화로 백골병단 소개에 관하여 방문 요청을 회장 승낙함

2020. 3. 9
11시 전쟁기념관 전시장 안내 담당관 2인 내방. 약 1시간 설명 후 도서기증 7권과 USB 2건 교부. 3.24 윤창규 대위 추모식에 2인 참석하겠다고 함

2020. 3. 10
12사단 비서실, 특전사령관실 원사 코로나19 관계로 3.24 행사에 불참하며 6월 현충행사에는 참석하겠다는 연락

2020. 3. 13
윤창규 대위 69주기 행사 집행여부 협의 회의 3/16 개최 통지함

2020. 3. 16

윤창규 대위 69주년 행사 취소 결정하고 취소 통지와 관련해 코로나19에 수고하는 육군본부내 코로나19 대책 군의관과 간호장병에 위문금 250만원 기증할것을 통보함
송세용 부회장, 권태종 위원(주식대 49,000원 부담) 위임 장지영, 서인성, 홍금표, 임동욱 동지 취소통지 등기 15 기타 48,600원 타올입고 30개 130,000원 지급함.
제2작전사 인사근무과에 코로나19 위문금 250만원 송금함

2020. 3. 17

육본인사사령부 인사처장(장군)으로부터 코로나19 성금 250만원 감사하다는 전화

2020. 3. 20

2작전사령부 소속 소령이 코로나 성금 250만원 국방일보 홍보관계로 전화 왔음

2020. 3. 23

박종선 장군, 윤창규 대위 추모행사 취소에 대하여 위로 전화 있음

2020. 3. 24

박장군, 김대령과 오찬 함께 함

2020. 3. 25

국방일보 2면에 백골병단 전우회 코로나19 방역 위로 2작전사에 위문금 기사 게재. 회원 등 29인에 기사 및 6월 행사 16일 거행 안내 서신 발송

2020. 4. 7
3군단 인사근무과 황인옥 소령과 전화 6월 현충행사를 6월 5일 또는 8일에서 16일로 연기하는 것을 내주중 회답하겠다고 했음

2020. 4. 16
3군단 인사처에서 현충행사 16일로 변경되었냐고 묻다. 변경없다고 했음

2020. 4. 16
이남표 전우 안부전화 있음

2020. 4. 20
6월 현충행사일을 6월 18일로 다시 변경하자는 요구 전화 왔음. 동의 함

2020. 4. 23
차주찬 회원 건강회복을 위한 위로금 30만원 보냄

2020. 5. 6
백골병단 역사기념관 외부 도장공사 완공 3,150,000원 중 전인식 15만원을 찬조함

2020. 5. 20
국방일보 기자 "최한영" 인터뷰 기사 내용 보내옴

2020. 5. 22
강원서부 보훈지청에서 전우회원 명단과 자료 요구 전화 옴. 서부보훈지청에서 백골병단과 육본직할결사대전우회의 성격, 회원수, 정관 또는 회칙 등을 문의하였고, 10시경에는 국가보훈처 본청에 근무한다는 직원으로부터도 전화가 왔음

2020. 5. 25

국방일보 최기자 와의 인터뷰에 참석한 전우 송세용. 권태종, 장지영, 서인성 제씨, 전우들의 오찬은 전인식 부담

2020. 5. 26

16:40 박종선 장군과 전화. **선양회** 건으로 국가보훈처장과 통화했다고 하면서 우리 **전우회원은 명예회원**으로 하고, 자녀들을 회원으로 가입케 하는 등과 사단법인 창립에 서류가 많다고 하는 등의 통화 약 10분. 따로 보훈처 관계관의 전화가 있었다고 함

2020. 5. 27

백골병단의 발자취 정리한 자료 국방일보 최기자에게 E메일로 전송함

2020. 5. 27

특수전 사령부에서 현충행사 일정관련 문의 전화 왔음

2020. 5. 27

13:30 경 제3군단 황소령 현충행사 참석자 및 행사 진행 관계로 문의전화. 전적비 둘러볼 시간이 부족하다는 의견 제시했음

2020. 5. 28

전인식 전우회에 100만원 찬조함

보훈처 서부보훈지청에서는 6월 현충행사 예산문제가 아직 결정되지 못했다고 함

2020. 5. 29

현충행사 초청장 120통 중 96통 발송

2020. 6. 1

송세용 초청장 받았다고, 임동욱 전화 불통, 김항태 다리 부상, 윤경준 아들 차량 이용, 오석현, 김중신 불참한다고 하는 전화 통화했다고……

2020. 6. 2

코로나 19 대비용 체온계 구입 (119,000원)

2020. 6. 2

국가보훈처 현충행사 초청장(전인식) 도착(건강상 불참 통보)

2020. 6. 3

20:30 이준용 장군 안부 및 6/18 행사 불참한다고 전화

2020. 6. 4

국방일보 기획 9 리멤버 솔저스 참전단체 릴레이 탐방 전 단 기사

2020. 6. 4

서인성씨 참석한다는 전화 10:30

2020. 6. 4

11:30 유호상, 최한영 기자 방문(국방일보 20부 보내옴)

2020. 6. 4

송세용, 권태종, 장지영, 서인성, 이남표, 홍금표, 임동욱, 원응학, 인제군수, 초교장, 교육장, 박부서, 동방원, 김호기, 송달용에게 기획실 국방일보(1면) 보냄

2020. 6. 5
  송세용 14:20 전화. 행사 참석자 확인 전화 등. 전인식 건강악화

2020. 6. 8
  차주찬 위로금 보냄 30만원(전인식 개인적으로)
  ※ 이남표 교수 30만원 전우회에 찬조함

2020. 6. 8
  11시 장우회 김용희 전화. 6명 참석한다 함. 김호기 교장 불참 통보

2020. 6. 9
  10시 박종선 장군 보훈처 관계로 상담 요청. 건강상 보류키로 응답

2020. 6. 10
  기념타올 입고됨 120개(66만원)

2020. 6. 10
  서인성 국방일보 잘 받았다고 전화. 이남표 교수 현충행사 참석한다고 전화

2020. 6. 15
  이준용 장군 현충행사 찬조금 20만원 보내옴
  박종선 장군 현충행사에 참석하는 전화 통지

2020. 6. 17_09시 20분
  (고)권영철 부회장 큰따님 전화, 권 부회장이 화랑무공훈장이 서훈 결정되었다는 연락왔음(전쟁기념관에서)

2020. 6. 17_11시

3군단 근무장교 행사의전 관례로 협의 전화

2020. 6. 17_14시

6·25 전쟁 태극단 참전 전우회 이순창 회장 현충 추모식 축하하는 격려 전문 도착

2020. 6. 18_07시~12시

대형버스로 24명 수용 용대리로 향 함
6. 18 69회 현충추모식에서 찬조하신 분들
박종선 장군 10, 송세용 20, 송해성 20, 홍금표 10, 권태종 10, 장지영 10, 윤경준 10, 파주 장우회 10, 정승섭 10
계 110만원, 전인식 140 별도처리 (50+30+20+20+20)

2020. 6. 20

서훈추가 화랑무공훈장, 오봉탁, 권영철, 최인태, 신건철, 이영진, 이명희, 나명집 등 7인 추가 서훈 사실 통보받음
1951. 2. 27 권태종 소위가 구룡령 차단 작전에서, 권영철 중위와 최인태 소위는 1951. 2. 16 하진부리 작전에서, 오봉탁 중사는 1951. 2. 12 보광리 작전에서, 송세용 중사와 이익재하사, 안병희 하사는 횡계지구수색작전에서, 1951. 3. 3. 윤창규 대위와 나명집 중위는 구룡령 차단작전과 적 3군단 지휘소 입구 파괴작전에서, 이영진 하사와 이명해 하사는 1951. 3. 19 군량밭진입작전과 백담사 경내 수색작전에서, 1951. 3. 24 최인태 소위는 백담사 방어작전에서, 신건철 중사와 현규정 대위는 1951. 3. 25 진동리 돌파작전에서 각 전공을 세운 사실이 2020년 6월에 이르러 확인되어 2020. 6. 25에 오봉탁 중사는

대통령께서 다른 전우는 2012. 6. 25 9사단장의 수여 및 2020. 6. 26 국무총리께서 전쟁기념관에서 각 화랑무공훈장을 각 추서해 주셨습니다.

2020. 6. 22
고 김영인 가족이란 사람이 채명신 장군의 확인과 국방장관 확인 등으로 결사 11연대원이라고 주장하나 전우회원이 되어도 아무런 혜택이 없다고하며, 방문협의를 거절했음

2020. 6. 23
권영철, 최인태, 오봉택, 나명집, 신건철, 이명해, 이영진 훈장 추서가 확인되다. 이 확인은 2019. 7. 19. 21명의 신청과 9. 20. 인사사령부에 재차 등기 신청한 것의 결과인 듯함

2020. 6. 23
서울경제신문 박현욱 차장과 전인식 6.25 관련 전화 인터뷰 30분. 6.25 게재된다고 함

2020. 6. 24
전쟁기념관 평화홀에서 서훈이 예상되어 화환3, 꽃바구니 3개 발주함

2020. 6. 24
서훈자 7인의 전화번호로 교신을 시도했으나 권영철, 최인태 만 확인되고 다른 5명은 통화 불가했음

2020. 6. 25~26
오봉탁 중사(11R) 권영철 중위(11R) 최인태 소위(11R) 신건철 중사(11R) 이영진 하사(11R) 이명해 하사(11R)

나명집 중위(11R) 등 화랑무공훈장 추서 수상(국무총리)

2020. 6. 29

고 권영철씨 부인으로부터 감사인사 전화

2020. 6. 29

고 최인태씨 아들 내외분이 본회 방문 요담. 선물 줌. 오찬 전인식 대접함

2020. 6. 30

고 권영철 전우 아들과 딸 방문 요담. 90년과 USB 기증함. 떡 선물 받음

2020. 7. 1_11시 30분

이남표 교수 안부전화. 전우 7인의 훈장 서훈 사실 회원 모두에게 통지함

2020. 7. 1

택배로, 전우일지+90년 세월, 백골USB 보냄(최인태씨 아들 최영호에게도)

2020. 7. 1

수상자 7인의 주소지에 수상인사를 등기로 우송(2017년도의 주소자료)

2020. 7. 2

최인태씨 아들 책 잘 받았다고 전화하면서 전우회의 은행 계좌번호를 알려달라는 것을 거절

2020. 7. 8

등기반송 (고)권영철 층 호수 미기재로 반송, (고)신건철 이사로 반송

2020. 7. 9
이영진 우편물 반송

2020. 7. 13
오봉택, 나명집 우편물 반송

2020. 7. 15
송세용 안부전화, 수훈자들의 연락여부 문의 7/27 5인 방문내용 알림

2020. 7. 22
박종선장군, 김응진씨 방문 오찬 전인식 부담함. 선양회 건 회합함

2020. 7. 27
송세용, 장지영, 권태종, 서인성 본회 방문 오찬 전인식 부담. 축하금 50만원. 참전전우일지 4권 증정함. 훈장수상 기록을 남기자는 의견 있었음

2020. 8. 4
김응섭 실장 내방. 오찬 함께 함
백제석재 전화, 무공훈장 전적비 석판에 수장 설치 8/12 ~ 13일 중에 시공한다 함

2020. 8. 6
송세용 전화. 무공수훈자 현판 관계로 전화 12일 또는 13일 기다려보자고 했음

2020. 8. 14
수훈자 상판에 백골병단 마크를 새기는데 원고가 필요하다고 해서 E메일로 원고를 보냄

2020. 8. 16

송세용 코로나 위험으로 용대리 출장 불가하다는 연락 받음

2020. 8. 17

아침 06:15 출발 09:20 현장 도착함
백제석재 10:10경 도착. 서인성씨 11시경 도착함 취부 완료는 13:40경 방문객이 여러명 다녀가는 것을 보았음.
집도착 18:20, 주식은 전인식 결제

2020. 8. 18

백제석재 공사비 1,750,000원 지불 송금함 (수훈자 전인식, 송세용, 장지영, 서인성, 김용필, 권태종 6인이 30만원씩 부담한 경비로 집행)

2020. 8. 18

전적비 주탑에 무공훈장 수상자 1~2차 11인과 3차 7인, 서인성(12사단 37연대) 화랑훈장 2개 등 19인 명판 등재. 비용 175만원과 경비 117,000원 계 1,867,000원 집행

2020. 9. 8

추석선물 차주찬, 송세용, 임동욱, 장지영, 서인성, 김용필, 홍금표, 윤경준, 김항태, 이남표, 권태종, 박종선, 정중민, 이준용, 신만택, 유호상, 김응섭, 이찬희 등에게

2020. 10. 10

송세용 부회장 전적비 탐방 후 사진 3장 전송으로 보내옴

2020. 10. 13

전시관 출입문 보수공사 집행 250,000원. 남궁원씨(원통리 소재)

2020. 10. 13

전우회 관련 USB 복사해서 회원에게 1개씩 보낼 예정. (송세용, 장지영, 서인성, 홍금표, 임동욱, 권태종, 윤경준, 이남표, 차주찬, 김용필, 김항태에게 보냄)

2020. 10. 15

총회 소집 통지함. 명예회원 5인, A급 회원 7인, B급 회원 7인, 환자 3인 계 22인

2020. 10. 15

A급 회원 7인+회원 4인에게 USB 내용 9건 복사 송부함 (개당 4,000원)

<차주찬, 송세용, 임동욱, 권태종, 장지영, 서인성, 김용필, 홍금표, 윤경준, 김항태, 이남표>

2020. 10. 16

2019년도 결산서 작성 및 2020년도 10.16 현재까지의 중간 결산서 작성(총회 준비용)

2020. 10. 20

송세용 전화, USB 받은 것과 총회 관계 참석 요청하겠다는 것

2020. 10. 20

김항태 전화, 코로나로 외출 불가 위임한다고

2020. 10. 20

송세용 전화로 황태규 회원 2~3개월 전에 사망했다고 하며, 송세용 부회장 전화로 임동욱씨는 보행 불가하고, 윤경준 회원 건강이 나쁘다고, 총회 참석자는 차주찬, 장지영, 서인성, 홍금표 정도이고, 안병희는 연락불가, 김용필은 부인 말이 회의 참석은 불확실하다고,

2020. 10. 21

송세용 총회 관계로 전화, 권태종 건강악화로 걷지 못한다고, 참석자는 송세용, 차주찬, 장지영, 홍금표, 서인성 정도라고 함

2020. 10. 22

김응섭 실장 내방 오찬 대접. 총회장소: 신원복집 특실로 예약함

2020. 10. 23

이남표 교수 총회 불참 통지

2020. 10. 23

박종선 장군 포항지방 출장중 회의 불참한다는 전화 위임

임시총회 개최 : 2020년 10월 28일 11시 **임시총회 회의록**

장소 : 본회 회장실

참석 본인 : 전인식, 송세용, 장지영, 홍금표, 서인성, 김응섭 6인

위임 : 박종선, 차주찬, 김항태 등 8인으로 14인 참석 성원을 선포

의장 : 회칙 개정안을 부의하다.
　　　회칙 제4조 3호를 삭제하고,
　　　회칙 제12조 4항 모든 회의는 과반수 참석과 과반수 찬성 의결을, 참석자 성회로 과반수
　　　의결로 변경하기로 부의하다.
　　　송세용 이의 없습니다.
　　　장지영 과반수 참석이 어렵지요. 다른 의견 없으므로 만장일치 가결을 선포 한다.
의장 감사 : 임동욱씨가 건강 악화로 직무수행이 곤란하여 차주찬으로 변경하는 안은 차주찬씨도 건강이 극히 악화하여, 임동욱을 유임하기로 제안하다.
　　　서인성 회원을 운영위원으로 보선하기로 제안하였던바 일동 이의 없이 합의하다. 운영위원으로 선포
의장 : **회원의 제명의건 상정**, 회칙 제7조 위반으로 다음 사람을 제8조에 따라 제명하고자 하는 안을 부의하다.
대상자 : 최희철, 김송규, 박승록, 황태규(사망자), 오석현, 고제화, 장철익(미국) 등 7인과
비참여자 : 이희용, 박종운, 박주대, 김한철, 함만동, 김대섭, 조규철, 마종삼, 김성형 등 9인입니다.
송세용 : 불참자의 정리가 필요하다.
장지영 : 제명보다는 비회원으로 처리하는 것이 어떨지 합니다.
의장 : 오석현, 고제화씨 정도는 그런대로 전우회에 몇 년 전까지 참여했으나, 최희철, 김송규, 박승록, 황태규 4인은 건강악화로 전우회에서 여러번 위로금

을 보내는 등으로 지원했으나 생존여부조차 불명하며, 장지영씨는 비회원 처리를 말하나, 우리 회원은 정, 부회원 구분이 없어 비회원 처리는 불가하다고 설명하고, 이희용, 김한철, 박주대, 함만동, 마종삼, 김성형, 장철익, 박종운, 김대섭, 조규철 등 10인은 특별법에 의한 보상금 수령 후에는 우리 회에 관여하지 아니한 참전자 일뿐 전우회에 계속 불참했음에도 그냥 두었다가 이번에 처음으로 16명의 제명 또는 비회원 처리안을 상정한다고 설명함

참석자 전원 이의 없어 제명 및 비회원 결정을 선포함

2019년도와 2020년도 결산안의 심의
2019년도 25,322,187원 2020년도 중간결산 19,586,032원을 상정하였던 바 일동 이의 없습니다. 가결 선포
참전전우 각종 찬조금 누계액의 심의 참고하기로 함
2020년도 전우회 활동 보고 참고하기로 함
전우회원 대외비 명단 참고하기로 함

2021년도 세입세출 예산안 심의
2021년도 수상자의 연회비 50만원, 일반회원 연회비 20만원, 명예회원 10만원으로 하고, 총 13,895,000원의 예산 원안 가결
70주년 행사 심의 건, 2021.4.15.로 정했다가 홍금표 위원 6월 현충행사와 함께 거행하는 것이 좋을 것이라는 보충 의견에 따라 6월로 변경 의결

전우회장의 사의 표명 심의
전우회장의 사퇴는 전우회를 해산하는 것과 같으므로 사

퇴는 불가 하다는 송세용 회원 등의 의견으로 사퇴는 불가하고 연임하기로 결정

부회장 : 송세용 연임 의견 가결

운영위원 : 장지영, 홍금표, 윤경준, 차주찬, 권태종 연임과 서인성 선임으로 6인이 됨을 선포(회장, 부회장, 감사는 별도)

장지영 : 박장군이 추진하던 것의 상황은 어떤지요

송세용 부회장 : 우리 회에서는 안하기로 한 것이 아닌가!

회장 : 이 사무실을 선양회에 내놓아야 하고, 장학기금 등도 넘겨야 하고, 회원자격도 문제가 되는 등 어려운 일이라고 말하면서 공식 논의는 아니라고 부언하다.

오찬을 신원복집에서 간담 후 헤어짐(190,000원, 30,000원) (전인식부담) 이상과 같이 개최하였음을 보고함

2020. 11. 2

옛 3군단 공병부 시설처장 김주백 (예)대령 안부전화 왔음

2020. 11. 3

송세용 부회장으로부터 견과류 박스 선물 받음

2020. 11. 11

특공2대대장 이·취임 축하함

2020. 11. 11

회원통신으로 총회 결과보고, 회원 16인과 명예 등 3인에게 보냄

2020. 11. 17
서인성 위원 전화 통신문 잘 받았다고

2020. 11. 24
김항태 목사 주소이전 전화, 축하전문과 20만원 축하 송금

2020. 11. 24
건강이 좋지않은 전우들에게 위로전문
"귀하의 건강 회복을 기원하며 가족의 평안을 빕니다"
(임동욱, 차주찬, 권태종, 이남표, 홍금표)
각20만원+4천원=102만원

2020. 11. 25
차주찬 전우 전화, 이남표 전우 안부전화, 김항태 목사 전화
이남표 전우 자기보다 어려운 전우가 많은데 위로금을 보내주니 미안하고 고맙다는 인사

2020. 11. 25
6.25 참전유공자에게 70주년 축하 메달을 보내옴(국무총리 서신과 함께)

2020. 11. 26
홍금표 전우 감사인사겸 전화

2020. 11. 27
참전전우 명부정리 11R 158명, 12R 53명, 13R 27명 계 238명
정보사령부에서 알려온 11R 30, 12R 118, 13R 63 계 211명 합계 449명으로 확인
훈장 수상자 19명의 명판 작성 완료

2020. 11. 30

6·25 참전 70주년 기념매달원안 송세용, 서인성, 차주찬, 장지영, 홍금표 등에게 핸드폰으로 도안을 보내, 의견 수렴함

2020. 12. 2

장지영 전우 기념 메달 회장의 뜻대로 제작하도록 하는 의견 전화

2020. 12. 4

육군인사사령관 박동철 장군으로부터 서신과 함께 선물 보내옴

2020. 12. 8

회원 및 명예회원, 유가족 등 22인에게 안부겸 인사

2020. 12. 9

70주년 메달 변경안을 송세용, 차주찬, 임동욱, 장지영, 서인성, 김항태 등 6인에게 도안을 핸드폰 문자로 재송부

2020. 12. 15

서인성씨 안부전화, 이남표씨 안부전화 및 어려운 짐을 혼자진다고 …… 위로전화

2020. 12. 18

육군본부에서 탁상용 5부 달력 10부 총장명의로, 회장에게는 탁상용 1부 주심

2020. 12. 22

회원에게 탁상용은 송세용, 임동욱, 장지영, 정중민 장군, 박종선 장군에게, 택배로, 달력은 차주찬, 서인성, 홍금표,

이남표, 윤경준, 김항태, 김용필, 김응섭, 권태종, 원치명
에게 택배로
15×2500원=375,000원 소요(회사부담)

2020. 12. 23
송세용 탁상달력 잘 받았다고 전화

2020. 12. 24
서인성 안부전화, 장지영 탁상용 잘 받았다고 전화, 이남표 안부전화

2020. 12. 28
문재인 대통령 내외로부터 회장에게 연하장 도착

2020. 12. 31
윤경준 전우 안부전화

2021년

2021. 1. 4
이남표 전우 신년축하 안부전화

2021. 1. 4
홍금표 전우 신년축하 안부전화

2021. 1. 5
국방홍보원에서 국방사진연감 책을 보내옴

2021. 1. 5
김응섭 명예회원께서 안부 및 달력 감사전화

2021. 1. 5

참전 70주년 기념메달 견본품(샘플) 도착
사진찍어 송세용, 권태종, 장지영, 서인성, 홍금표, 김용필에게 E메일 보냄

2021. 1. 13

보훈처 보훈과 공문 2021년도 참전기념행사 계획 제출 도착 1/18

2021. 1. 18

행사계획서 제출 300+340만원 계640만원으로 집행 예정 1/18 E메일 발송

2021. 1. 18

6.25참전 70주년 기념메달 2개씩 택배로 발송 20×2,500원
(차주찬, 송세용, 임동욱, 권태종, 장지영, 서인성, 홍금표, 윤경준, 이남표, 김항태, 김용필, 안병희, 김중신, 정중민 장군, 박종선, 이준용, 신만택 장군과 김응섭, 원치명, 원응학)

2021. 1. 20

송세용 70주년 기념메달 관련 찬조 30만원, 장지영, 서인성, 윤경준 70주년 메달 수령 감사하다는 전화

2021. 1. 20

권태종(權泰鍾)위원 별세, 동작동국립묘지 영안당에 안치함. 본회 위문 및 전인식 별도 조문함

2021. 1. 21
　이남표 교수 70주년 기념메달 감사히 받았다고

2021. 1. 25
　전인식 회장 결손 보충을 위해 100만원 특별 찬조함

부록 1

백골병단의 발자취를 찾아서
나의 전우회장 재임 60년을 마치며

2021. 1. 25.

회장 : 참전전우회 회장 육군대위·소령 전인식
참여 : 부회장 송세용(12R)(중사), 권태종(11R)(소위), 장지영(11R) (중사), 서인성(13R)(하사) (계급은 참전 당시의 것)

6.25전쟁 중 백골병단이 탄생하게 된 배경

1950년 6.25 한국전쟁 발발 후 낙동강 최후방어선까지 후퇴하여 나라의 명운이 백척간두에 있을 때, 1950. 9. 15 인천상륙작전의 성공으로 전세를 만회한 우리 군은 9.16 일제히 반격작전을 전개하여, 9월 28일 수도 서울을 수복하고, 계속 38°선을 넘어, 북진! 10월 19일에는 평양을 탈환하고, 10월 26일 압록강 연안까지 북진하여 압록강 물을 수통에 담고자 하는 통일을 눈앞에 둔 때,

정부는 북한 수복지역의 치안을 담당할 경찰대용의 의용경찰을 경기, 충남북, 경남북, 전북 등 지방에서 수천명을 모집·훈련하여 북한지역의 치안을 담당케 하고자 했으나, 10월 하순, 중공군(中共軍) 약 60여만 명이 대거 참전. 인해전술을 감행하여, 1950년 12월 2일 UN군은 또다시 전전선에서 후퇴하게 되었다.

6.25당시 민간 항전

나는 1950. 7. 16경 적이 점령중인 적 치하에서 아군이 가지고 있던 칼빈 소총을 고향친구 김인경군으로부터 넘겨받은 뒤, **탄현반공결사대원**이 되어, 북으로 퇴각하는 북괴군으로부터 소총 수십 정을 빼앗고, 반항하는 2명을 임진강에서 사살하는 등 결사 항전하였으며, 9.28 아군이 수복되자 학도의용대를 조직(중·고·대학생 120여 명)하여 대장으로 활동하는 등 특수활동의 경력자로서 대구로 피난, 1951. 1. 3. 육군 보충대에 입대하였다.

이때, 정부는 1950년 12월 21일 국민방위군설치법의 공포와 동시에 국민총동원령을 발령하여, 만 17세 이상 40세 까지의 청장년을 육군보충대에 집결시켜, 국토방위의 임무를 수행하도록 전력화 계획한 듯하다.

이런 백척간두(百尺竿頭) 누란(累卵)의 위기에 처한 정부는 1950년 12월 하순부터 1월 3일까지 육군보충대에서 대기 중인 의용경찰과 군낙오병, 학생 등 6,000~7,000명 상당 중에서 고 학력별, 사상과 신체건강한 800여 명(1, 2차)을 선발하여 대구 육군정보학교에 입교시켜, 3주일간의 특수교육을 실시하였다.

이들이 훗날 **백골병단** 창설 요원들이다.

육군정보학교에서

청장년 800여 명이 육군정보학교에 입교한 뒤, 기초군사훈련 과정에서 적기가(赤旗歌), 인민군(人民軍)의 노래를 소리 높이 부르며, 행군하는 웃지 못할 훈련에도 우리들은 적후방에 침투하는 결사유격대라는 것을 몰랐으며, 우리들 중 누구 하나 의심한 전우도 없었습니다. 그것은 출동 3일전에 준 특별외박에서 단 한사람도 부대를 이탈한 자가 없었다는 것이 웅변으로 증명되고도 남습니다.

임시장교의 임관

1951년 1월 25일 교육을 마친 장병 중, 임시장교 124명을 국방부장관(신성모) 명의로 임관시키고(GO군번 부여)(소위 72, 중위 36, 대위 14, 소령 2명)

사병은 G군번 부여와 동시에 이등중사(병장)에서 이등상사(중사)까지의 계급을 각 부여하고

결사 제11연대에 363명을,(349 + 보좌관9 + 통신병4 + 연대장1)

결사 제12연대에 361명중 330명을,(31명은 13R로 전출)

결사 제13연대에 124명(합계 817명)을 각 편성하였다.

이들을 적진후방에 침투시켜, 낙동강에서 패퇴한 북괴군 10여만 명을 전선사령관 김책이 유격전 부대로 개편하여 아군의 후방교란과 애국시민의 학살, 식량의 약탈 등 만행을 저지르고 있는 것에 대응하여 저놈들과 같이 적의 후방 교란 등 유격전을 하도록 UN군 측이 자기들은 피부색, 언어, 체형, 문화 등 모든 면에서 유격전에 부적합 하기에 우리 육군본부에 유격전 요청을 하였기에 이 요청을 받은 육군본부가 보충대에서 입대 대기중인 장정들을 유격결사대로 훈련하여 적후방에 침투케하였는데, 이들이 곧 결사유격대인 것입니다.

백골병단의 적후방에서

이들이 각각 따로 적후방에서 작전중 1951년 2월 20일, 강원도 명주군 연곡면 퇴곡리(현 강릉시)에 우연히 집결하자 육

군중령 **채명신**이 3개 연대를 통합하고, 부대명을 **백골병단**이라 명명한 다음, 자신이 사령관이 되고, 참모진은 결사 제11연대 참모진이 겸임하게 한 뒤, 1951년 2월 23일 중북부내륙 산악지대인 적진후방으로 재침투 작전을 전개하였다.

① 1951. 1. 30. 강원도 영월군·읍 북방에서 적진후방으로 침투한 결사 11연대(363명)는 1951년 2월 10일 강원도 평창군 진부면 하진부리로 북진, 보급조달을 겸한 적 후방 교란 등의 임무를 수행하고자 할 때, 적병이 출몰하므로 아군수색요원 20여 명을 지휘한 전인식 대위는 식량 보충과 적 연락병의 생포 작전을 성공적으로 수행, 적 연락병 등 34명을 생포하였다.

② 1951년 2월 26일 구룡령(강원도 홍천군 내면)을 장악한 백골병단 작전참모 전인식 대위는 3개 분대(9명)로 하여금 구룡령을 차단하고, 2월 28일 북괴군 대위(정치 보위부 군관) 외 3인을 생포하여 **적 69여단의 1급기밀문서**인 전투상보를 노획하여 적의 주요기밀을 아군 수도사단에 속보·전달하여 적을 괴멸에 이르게 하였고,

③ 1951.3.3. 윤창규 대위와 나명집 중위 등이 광원리 소재 적 3군단 입구 진입초소 2개소를 파괴하고, 통신선 파괴와 적병 20여 명을 사살하는 등의 전공을 세웠고

④ 1951년 3월 14일 한국전쟁중 두 번째로 인제군 인제읍 귀둔리 38°선을 돌파 북진했으며,

적후방에서 인민군 중장 생포

⑤ 1951년 3월 18일 강원도 인제군 인제읍 가리산리 군량밭이란 마을까지 북진한 백골병단은 3월 19일 가리산리 필례(必禮)마을의 보급조달 등의 정찰중 병약자 1인과 여군관 중위 등 4인을 생포한 후 외팔이 등 9인 모두를 생포하여 이들을 조사한 결과, 병약자(장티프스 완쾌상태)는 북괴군 중앙당 군사부 제2 비서 겸 **조선인민군 중장**(中將)이란 거물로서 그 이름이 길원팔(吉元八) "길"은 평남 덕천군·읍 출신으로 일본쥬오대학에 재학중 해방과 함께 북으로 복귀하여 조선공산당 창당과 조선인민군 창설에 관여한 자로, 대남 빨치산 제5지대장 겸 대남 빨치산 총사령관이란 자 임이 판명되었고(김일성의 직접지령문 등도 확보), 외팔이는 팔로군 출신으로(우측팔이 없음) 빨치산 제5지대 참모장으로 인민군 대좌란 자로 권총의 명사수였던 자(姜七星)라고 한다.

⑥ 이들 모두를 대동 남하할 수가 없으므로(적후방 약 60km 상당) 1951년 3월 19일 18시경 결사 11연대, 사수 15명에 의해 모두 총살하고(전인식 집행), 적의 추격병과 격전을 하며, 오히려 북진(北進)!으로 퇴출하는 것 같이 위장하였다.

1951. 3. 23. 강원도 인제군 북면 용대리 앞 개천까지 진출했으나, 여기서 전방에 투입되던 적 32사단의 포위 공격을 받게 되어, 1951년 3월 23일 07시경 백담사 방면으로 퇴출(退出)한 뒤

설악·박달재의 슬픔

⑦ 1951년 3월 24일 백담사를 떠난 백골병단은 설악산 영봉 방향으로 퇴각하였는데, 여기서 적의 기습을 받게 된 때, 윤창규 대위가 적을 유인하여 붙들고 수류탄으로 장렬하게 자결 전사함으로써 적을 혼란케하여 아군의 퇴출을 도와 (양양군 서면 오색리 ↔ 인제군 기린면 진동리) 단목령 쪽으로 대낮에 400여 명을 이끌고 전인식 대위가 선봉에서 지휘하여 행군 퇴출했으나, 단목령 산중에서 5일 이상 굶고 허기진 장병 중 120여 명이 동아사(굶고 얼어 죽음)하는 비전투 피해를 입었다.

윤창규 대위의 **살신성인 충용**의 "얼"이 담긴 수류탄의 자결은 백골병단 전우들의 퇴각에 크게 기여한 것을 기리기 위해 우리 전우들은 2006년 6월 5일 용대리 백골병단 전적비 경내에 **윤대위의 충용비**를 국가보훈처 지원과 우리 전우들의 성금으로 세웠고,

정부는 전인식 회장의 건의에 따라, 윤창규 대위에게 2012년 6월 25일 **충무무공훈장**을 추서 해 주셨다.

백골병단 장병들의 그 후

백골병단 생환 장병은 1951년 4월 중순까지 모두 283명이었으나, 그 뒤 재입대하여 1953년 휴전 시까지 또다시 군 복무를 하였고, 그 뒤 건강 악화와 재입대 희생 등으로 현재 파악된 전우는 극히 적으며 그중 생존확인자 10여 명은 중병으

로 거동이 불가하여 해마다 거행하는 전몰장병의 합동 추모식에 참석하는 전우는 4~5명에 불과한 실정입니다.

인후보증방법으로 전사가 확인된 전우는 60인뿐이고 그중 3인은 유골을 발굴하여 최초로 대전 국립묘지에 안장하였고 57명은 동작동 국립묘지에 위패만을 안치했을 뿐이며, 참전자 명단을 계속 추적, 확인된 전우는 이름을 전적비에 각자 하였습니다.
(11R : 234명(193), 12R : 201명(171), 13R : 106명(91) 등 모두 541명으로 총 817명 중 확인자는 66%에 불과합니다. 국방정보본부 협조 명단 일부 포함)
나머지 276명(362)의 이름은 어디에 있는지…… 황량할 따름입니다.

백골병단 전적비

우리들이 1961년 이후 명예회복을 위해 계속 진정 등 진력한 보람으로

1990년 11월에 이르러 인제군 북면 용대리 산 25-2에 육군본부의 지원과 우리들의 성금 4,000여만 원을 보태, **백골병단 전적비**를 건립하였고

2003. 6. 5. 전몰장병중 이름을 알 수 없는 303명의 **무명용사 추모비**를 건립 제막 했으며,

2004. 3. 2. 국회 245차 회의에서 우리들 관련법인 "**6.25 전쟁 중 적후방지역 작전 수행 공로자에 대한 군 복무 인정 및**

보상 등에 관한 법률"(2004. 3. 22 법률 제7,200호)이 통과되게 주력했으며,

2006. 6. 5. 윤창규 대위의 **살신성인 충용비** 건립 제막 등 명예를 선양하였으며,

1981년 5월 전인식 대위가 발행한 참전수기 "**나와 6.25**" 발간 이후, 2019. 9. 27. **백골병단과 나의 90년 인생**이란 "참전 기록서"까지 우리들 관련 저서 39권을 발행하는 등 우리들의 위상을 기록으로 남겼습니다.

백골병단 참전전우회의 활동

우리 전우회는 1961년 8월 23일 채명신 중령(진) 육군 소장(당시)이 우리들 전우 12인을 초청해 을지로 3가에 있는 일식(日食) "새마을"에서 오찬을 대접 받은 뒤, 우리들 4인이 따로 모여 전우회를 발기했습니다.

이때의 발기 단체명은 **대한민국 유격군 참전전우회**(발기인 전인식, 원응학, 장철익, 한갑수)라 했으나

1965. 9월 유격군이란 어감이 좋지 않다는 채명신 장군의 지적으로 **설악동지회**로 친목단체와 같이 개칭하고 재발족하여(회장에 전인식 피선) 몇차례 변경 후, 우리들 특별법에 명시된 부대명대로 "**육군본부직할결사대**"로 하고 통상 **백골병단**으로 하여 현재까지(1965 ↔ 2021년) 필자가 회장으로 계속 재임해 왔습니다.

우리들은 2004년 특별법 제정으로 받은 위로금 일부를 추념한 재원으로 강원도 일대의 전적지 순례와 동남아제국, 고구려인 중국 동북지방과 독도·울릉도, 제주도, 남해안과 동해안 등을 고루 여행하며 친목을 돈독히 하고,

한편으로 특별법 제정 후 우리들의 노력과 육군본부 인사사령관의 협력으로, 2010년 6월 25일 참전 59년만에 육군본부 **넓은 광장에서 영광의 전역식을** 거행하였고,

2010년 3월 5일에는 육군본부내 **명예의 전당**에 전사 확인을 받은 전몰장병 60 위를 헌각하였으며,

2011년 4월 7일에는 **전쟁기념관 내 전사자 명비에**도 헌각하였고

2012년 6월 25일 **영광의 무공훈장을 11인**(추서2인 수여9인)이 받는 영광을 입었습니다.

2015년 7월 27일 권태종 소위와 이익재 중사가 화랑무공훈장을 추가로 수상하였고

2018년 6월 5일에는 **백골병단의 역사기념관**을 1951년 2월부터 2018년까지의 백골병단 기록을 정리하여 4,100여만원(전액 전인식 출연)으로 한곳에 모아 전시하는 등 전우회원의 권익 신장에 기여했습니다.

2020년 6월여 (고)권영철 중위, 나명집 중위, 최인태 소위, 오봉탁 중사, 신건철 중사, 이영진 하사, 이명해 하사 등 7인이 화랑무공훈장을 추서받아 모두 18인이 서훈되는 영광을 입었습니다.

나와 백골병단

나는 1961년 참전전우회의 발기인이 된 뒤, 회장이 되어 1989년 백골병단 전적비 건립을 위한 부지 및 위치 선정과 설계, 감리 등을 하면서(비문, 요도 등 모두를 직접 작성) 모든 시설의 설계 시공을 감독하기도 했습니다.

이와같이 이 사람은 전우회 회장 재임중 ① 전우발굴, ② 전적비 건립, ③ 무명용사 추모비건립, ④ 윤창규 대위 충용비건립, ⑤ 전사자 발굴과 유가족원호, ⑥ 법률제정기여, ⑦ 용대초등학생의 장학사업(14년), ⑧ 충용 백골상 제정(9회), ⑨ 백골병단 역사기념관(자비) 건립, ⑩ 참전전우 상호친목, ⑪ 무공훈장 수상 등 모두를 수행해 왔습니다.

6.25 전쟁당시 우리들 백골병단이 적 빨치산사령관 吉元八을 생포하여 처치하지 못했다면 그들과 함께 남하중인 빨치산 5지대 약 1,500여명이 우리 남쪽으로 모두 침투하여 적 정규군과 배합·합세했다면 국내 치안은 크게 혼란에 빠트렸을 것인데 이를 제어한 것은 백골병단의 장한 일이라고 우리들은 늘 자랑하고 있습니다.

전쟁과 교훈

전쟁이란, 적과 대치된 상태에서 적을 죽이지 않으면 나와 내 가족이 죽는다는 것은 두말할 나위가 없는 것이고 여기에는 관용이나 양보가 있을 수 없는 것입니다.

우리들 모두가 2주일분의 미숫가루 보급과 노획무기를 들고, 오대·설악 태백을 잇는 영하 30도의 혹한과 싸우면서 인민군복과 똑같이 만든 누비바지 저고리를 입었기에 아군과 공군기의 오폭으로 1개 대대(170여명 이탈)의 분산 피해를 입는 등 피해를 입으면서 **조국의 자유와 평화!** 그리고 내 가족을 지키기 위하여 피나는 전쟁을 했습니다.

우리들은 그 때 대학과 고등(중)학교 또는 애국 청소년들이었는데 못나서, 모자라서 그런 급조된 군대에 입대하여 큰 피해를 감수하면서 크고 작은 전과 즉, 적생포 309명, 사살 170여명과 각종 총기 204정의 노획 등의 전과를 올렸습니다만 우리들도 360여명(비전투손실 120여 포함)의 피해를 입었습니다.

나는 1962년부터 열심히 연구·공부하여 감사원의 수석감사관 재직 당시(1970. 4.) 전 문교부 대학교수자격심사위원회에서 토목공학과 **교수 자격**을 인정 받은 뒤, 한양대학교와 건국대학교 등에서 강의하는 한편, 공무원 교육원 등 특수교육기관에서 20여년간 강의도 했고, 군부대의 특수전 교육 및 안보 강의 등을 하고 한편으로는 USB제작, 기록영화 제작 방영 등에 기여 하면서 노년을 보내고 있는데 이제 나이 90을 넘긴지 몇 해째가 됩니다.

우리들의 바램

우리들이 1951년 2월 7일 강원도 명주군 강동면 지내에서 적진후방으로 침투하는 결사12연대장병에게 당시, **정일권 육해공군 총참모장**이 최전선까지 출장와 출동 장병을 사열하고,

훈시하면서

너희들이 개선하면 "**참전자 전원에게 두 계급 특진과 빛나는 최고 훈장이 기다린다**"는 확약을 하였는데 최고사령관의 이 약속이 빈 공약이 되었습니다.

이 약속을 들은 전우들은 아직도 그 약속을 믿고 기다리고 있으나, 이들 모두가 89세에서 96세까지이니.... 기다리는 것도 한계에 이른 것이 아닌지 하는 생각이 듭니다.

우리 참전 전우 모두는 훈장을 받기 위해 적과 싸운 것은 물론 아닙니다.

오로지 **구국일념**으로, **위국 헌신**하는 **충용**의 "얼"을 담아 적병을 사로잡았고 또 처치했습니다.

우리 참전전우는 하나 둘 낙엽되어 떨어지고, 기력도 쇠잔해, 역사의 뒷전으로 서서히 물러나고 있습니다.

앞으로 남은 여생, 우리들의 바램은 ① 백골병단 전적비와 경내에 있는 ② 무명용사 추모비, ③ 살신성인 윤창규 대위의 충용비, ④ 용대 백골장학회의 유지 발전, ⑤ 백골병단 역사전시관, ⑥ 전적비 보호 방어벽 등 관련 현충시설은 우리들의 노력과 국가보훈처의 일부지원을 받고, 육군 제3군단에 의해 조성된 안보시설들 입니다.

우리들은 백골병단의 역사적인 기록을 USB **육군본부직할 결사대(백골병단)**으로 제작하였고, 그동안 안보 영화로 "**못다 핀 젊은 꽃**", "**박달령의 침묵**", "**이한몸 다 바쳐**", "**백년 전우**" DMZ 스토리 등 6편이 KBS, MBC, SBS 등에 의해 방영되어 백골병단의 장한 기록이 널리 알려짐으로써 우리 전우회도 따라서 알려지는데 기여했습니다.

흘러가는 세월은 잡을 수 없어, 덧없이 흘러, 우리들은 늙고 병 들어, 이들 현충시설을 보호할 능력이 없으니, 관련기관·단체가 이 현충시설을 잘 관리 보존하여 **안보시설**로서, **우리들 후대에 기념비적, 충용시설**로 잘 활용할 수 있기를 간절히 소망합니다.

마지막으로

이 사람이 1961년 우리 참전 전우회를 발기할 때부터 **대표자로, 회장으로** 2020년까지 60년에 가까운 세월동안 전우 회장으로 재임하면서 전우회의 대소사를 처리해왔으나 이제 더 이상은 어렵게 느껴, 특수전관련 인사들이 **백골병단에 관한 기념사업회 또는 백골병단 선양회 등을** 만들어 백골병단의 "얼"이, 그 정신이 영생(永生)토록 빛날 수 있게 되기를 바라면서 이제 한(恨) 많은 노병은 미련 없이 사라질까 합니다.

모두가 뜻대로 잘 되기를 소망합니다. 감사합니다.

육군본부직할결사대(백골병단) 참전 전우회
회장 육군대위(소령) 전 인 식

부록 2

참전전우 명단 및
찬조금 누계

2020. 6. 1.

※ 결사 제11연대 참전자

2020. 11. 25 확인

계 급	군 번	성 명	비 고	
육군중령	10826	蔡命新	사망	황해 (사령관)
임시소령	GO1001	李相燮	사망	남해
육군대위	51-00008	**全仁植**	파주	**육군소령 (충무훈장)**
육군대위	51-00002	崔允植	사망	경주
육군대위	GO1006	金元培	**전사**	해임
육군대위	GO1007	尹昌圭	**전사**	예산 **(충무훈장)**
육군대위	51-00003	梁在昊	사망	인천
육군대위	51-00005	李暢植	사망	청양
육군대위	51-00006	李泰潤	인천	해임
육군중위	GO1010	鄭世均	**전사**	서대문
육군중위	51-00016	鄭學文	사망	김천
임시중위	GO1012	林炳勳	사망	파주
임시중위	GO1013	李奉九	사망	가평
육군중위	51-00015	權寧哲	사망	진급 **(화랑)**
임시중위	GO1018	金榮敦	사망	화성
임시중위	GO1019	鄭潤和	사망	대구
육군중위	51-00009	李萬雨	사망	의성
육군중위	51-00012	金寅泰	사망	인천 **(화랑훈장)**
임시중위	GO1022	尹喆燮	사망	예산. 진급대위
육군중위	51-00013	羅明集	사망	**(화랑)**
육군소위	51-00020	崔龍達	사망	
육군소위	51-00017	崔仁泰	사망	파주 **(화랑)**
임시소위	GO1033	李南鶴	사망	홍성. 특진중위
육군소위	GO1034	李鍾三	**전사**	
임시소위	GO1035	朴正奉	불명	인천
임시소위	GO1036	張龍文	사망	시흥
육군소위	51-00029	全璋圭	불명	?
육군소위	GO1039	許銀九	**전사**	경주
육군소위	51-00024	趙時衡	사망	09.8
육군소위	51-00021	柳卓永	사망	
육군소위	51-00023	吳錫賢	김포	김포

계급	군번	성명	비고	
임시소위	GO1044	朴鍾瑝	사망	연기
육군소위	GO1045	李夏淵	전사	
육군소위	51-00025	**權泰鍾**	인천	인천 **(화랑훈장)**
육군소위	51-00028	黃泰圭	공주	공주
육군소위	51-00022	韓甲洙	사망	청양
육군소위	51-00018	林癸洙	사망	연기
임시 소위	GO1051	金義德	불명	
육군소위	GO1053	尹 泓	**전사**	
임시소위	GO1054	李永夏	사망	인천. 대공 부상
임시소위	GO1058	金仲植	불명	
육군소위	51-00030	金赫起	연기	
임시소위	GO1061	車東阮	사망	
육군대위	보좌관현임	玄奎正	**전사**	대대장**(충무훈장)** (1951. 2. 20~3. 25)
보좌관	대위급	**康斗星**	평남	(중국)
보좌관	〃	**元應學**	평남	용인
보좌관	〃	**李德溢**	함북	청진(미국)
보좌관	〃	申孝均	사망	평남
보좌관	〃	張麟弘	사망	평양
보좌관	〃	鄭南一	사망	평남
보좌관	〃	**元致明**	강원	성남
보좌관	〃	白榮濟	사망	평남
명예회원		**李南杓**	함남	성남
현지임관	이등상사	金興福	사망	현임(소위)
현지임관	51-500021	李命宇	사망	〃
일등중사	51-500047	**林東郁**	논산	논산
이등상사	51-500024	**洪金杓**	인천	**예 군의관 중위**
이등상사	51-500011	朴勝錄	부여	대전
이등중사	134174	**車周燦**	천안	**예 육군소령**
이등상사	51-500014	**張之永**	연백	용인 **(화랑훈장)**
일등중사	51-500069	崔潤宇	사망	서울
이등상사	51-500008	**金重信**	예산	고양
일등중사	51-500055	**金亢泰**	서천	보령
일등중사	51-500054	**尹慶俊**	대전	대전

계 급	군 번	성 명	비 고	
일등중사	51-500038	李榮珍	사망	부여 (화랑)
일등중사	51-500036	全永燾	사망	부산
이등상사	51-500018	河泰熙	사망	대전
이등중사	51-77000014	梁元錫	사망	평택
이등중사	51-77000028	崔熙哲	광주	안산
일등중사	51-500033	金成亨	개성	수원
일등중사	51-500046	玄再善	사망	인천
일등중사	51-500032	扈成振	사망	
이등상사	51-500017	申健澈	사망	시흥 (화랑)
이등상사	51-500004	丁奎玉	사망	종로구
일등중사	51-500029	李雲河	사망	파주
일등중사	51-500042	張承鉉	사망	서산
이등중사	G11047	元吉常	사망	시흥군
이등중사	51-77000010	權處弘	사망	연기군
이등상사	G11303	鄭然鎭	사망	대구
일등중사	51-500062	李明海	사망	서산 (화랑)
이등중사	51-77000017	林南玉	사망	논산
이등중사	G11143	全永模	사망	대전
이등상사	51-500002	尹範容	사망	파주
일등중사	51-500065	曺奎喆	파주	〃
이등상사	51-500006	吳鳳鐸	사망	시흥 (화랑)
이등중사	51-77000021	徐玄澤	사망	시흥
이등중사	51-77000012	李興昌	사망	천안
일등중사	51-500063	文泰眞	사망	서천
이등상사	51-500019	姜五馨	사망	파주
이등상사	51-500009	金正鍾	사망	시흥
이등상사	51-500001	趙次元	사망	파주
이등상사	G11140	朴光善	사망	〃 조리
이등중사	G11175	趙南顯	불명	서산
이등중사	G11362	金海源	불명	청양
이등중사	G11171	李亨求	사망	서산
일등중사	51-500048	金大弘	사망	인천
이등중사	미 상	權寧憲	사망	부여
일등중사	51-500030	盧貴鉉	사망	〃

계급	군번	성명	비고	
이등중사	G11095	鄭昌鎬	대전	대전
이등상사	51-500007	張德淳	사망	시흥
일등중사	51-500034	金壽昌	사망	
일등중사	51-500050	吳東秀	사망	대전
이등중사	51-77000006	金鍾根	사망	천안
이등중사	G11156	李昌興	사망	인천
일등중사	51-500052	高永相	사망	대전
일등중사	51-500051	金大燮	파주	
일등중사	51-500049	鄭萬永	사망	예산
이등상사	G11046	柳東鉉	**전사**	시흥
일등중사	51-500027	張東淳	**전사**	시흥
이등중사	G11087	權旭相	**전사**	안양
이등중사	51-77000002	金周鉉	**전사**	파주
이등중사	미 상	趙重用	**전사**	시흥
이등중사	51-77000001	洪淳基	**전사**	연기
이등중사	G11049	李春九	**전사**	
이등중사	G11051	鄭閏哲	**전사**	시흥
일등중사	G11313	申鉉石	**전사**	〃
일등중사	G11364	洪淳先	**전사**	서울종로
일등중사	미 상	徐一澤	**전사**	시흥
일등중사	미 상	장국환	**전사**	
일등중사	〃	안희일	**전사**	
이등중사	〃	류동식	**전사**	
이등중사	미 상	박희영	**전사**	
이등중사	G11206	金潤秀	**전사**	
이등중사	G11215	姜文錫	**전사**	서산
병 장	G11316	李完相	**전사**	부여
이등중사	미 상	이영업	**전사**	
이등중사	〃	서두생	**전사**	
이등중사	〃	이재성	**전사**	(12연대?)
이등중사	〃	황경덕	**전사**	
이등중사	〃	김양환	**전사**	
이등중사	〃	이정구	**전사**	
이등중사	〃	김윤태	**전사**	

계급	군번	성명	비 고	
이등중사	〃	李錫順	전사	
이등중사	〃	박기석	전사	
이등중사	〃	千鳳均	전사	
이등중사	〃	安炳哲	전사	
이등중사	〃	김철구	전사	
이등중사	〃	金命圭	전사	
이등중사	〃	현제	전사	통신
이등중사	〃	임경섭	전사	
이등중사	〃	이상옥	전사	
이등중사	〃	윤동익	전사	
이등중사	G11355	朴鍾壽	전사	
이등중사	미 상	黃忠淵	전사	
이등중사	〃	구기덕	전사	
이등중사	〃	안성호	전사	
이등중사	〃	金賢起	전사?	연기
일등중사	〃	咸萬東	불명	서울
이등중사	G11369	柳英秀	불명	〃
이등중사	51-77000015	宋景熙	사망	논산
이등중사	51-77000005	馬鍾三	불명	파주
정보사에서	G11125	千鳳吉	시흥	정보사 제공
?	G11131	元廣吉	불명	〃
?	51-77000023	朴鳳植	서천	〃
이등중사	G11350	申孝淳	불명	
?	G11052	金東一	평양	3대2중2소
?	51-77000026	李炳雲	파주	계급미상 전사?
이등중사	51-77000004	李台熙	불명	?
이등중사	51-77000011	權旭晃	불명	3대대 호적생존
이등중사	51-77000018	鄭炳榕	불명	3대대 생존 ?
이등중사	51-77000019	李澤	불명	〃 〃
이등중사	51-77000025	金鍾千	불명	〃 〃
이등중사		金慶春	불명	〃 〃

163명

※ 결사 제12연대 참전자

2020. 11. 25 확인

계급	군번	성명	비	고
임시소령	GO1063	李斗柄	사망	화천
육군대위	51-00007	張喆翼	전북	미국
육군대위	GO1069	權王堅	**전사**	
육군중위	51-00011	辛政敎	사망	
육군중위	GO1083	姜昌熙	**전사**	
임시소위	GO1089	鮮于坦	불명	
임시소위	GO1107	車福吉	불명	
육군소위	51-00026	趙炳偰	사망	
육군소위	51-00019	金容弼	파주	(화랑훈장)
임시소위	GO1111	黃戊淵	사망	
육군소위	GO1114	黃炳錫	**전사**	
임시소위	GO1115	黃 顯	불명	
임시소위	GO1116	崔順龍	불명	
임시소위	GO1117	金益煥	사망	예산
임시소위	GO1123	安昌淳	불명	
육군소위	51-00027	신의순	불명	서천
이등상사	51-500020	宋世鏞	연기	인천 **(화랑훈장)**
이등상사	51-500005	金鍾浩	사망	춘천
일등중사	51-500031	林炳基	파주	
이등상사	51-500023	李永九	용인	용인
이등상사	51-500039	朴用周	사망	의왕
일등중사	51-500045	李翊宰	사망	평택 **(화랑훈장)**
일등중사	51-500053	安秉熙	평택	진위 **(화랑훈장)**
일등중사	51-500056	金宋奎	완주	인천
이등상사	51-500010	吳正涉	사망	횡성
일등중사	51-500026	金鍾恪	사망	파주
이등중사	미 상	이재성	전사	경기 시흥
일등중사	51-500041	李南薰	사망	
일등중사	51-500025	安昌浩	사망	
이등상사	51-500016	元鳳載	불명	평택
일등중사	51-500057	朴光錫	사망	시흥

계 급	군 번	성 명	비 고	
일등중사	51-500044	金仁壽	사망	
이등중사	51-77000020	沈仁求	사망	
이등중사	51-77000022	權斗植	사망	안양
이등중사	51-77000008	沈龜福	사망	
이등중사	미 상	李圭宰	사망	
이등중사	미 상	金玉石	사망	서천
이등중사	G12135	申永基	사망	신당동
이등중사	51-77000009	徐丙煥	불명	평택
이등중사	51-77000013	金永髙	불명	평택
이등중사	51-77000007	申樂均	불명	
일등중사	51-500070	張哲浩	캐나다	완주
일등중사	51-500064	金永培	사망	
이등상사	51-500003	金道中	사망	파주
일등중사	51-500035	李丙錫	사망	
일등중사	51-500028	朴鍾萬	**전사**	(11R?)
일등중사	G12119	崔相三	불명	**정보사 제공**
이등상사	51-500012	趙榮澤	사망	〃
이등중사	G12253	崔斗星	사망	〃
이등중사	51-77000016	李熙用	평택	〃
이등상사	51-500043	朴柱大	불명	양주군
일등중사	51-500040	李德根	사망	미국(11R?)
이등중사	G12023	文源榮	사망	**정보사**

53명

※ 결사 제13연대 참전자

2020. 11. 25 확인

계 급	군 번	성 명	비 고	
육군대위	51-00004	金亨哲	불명	**정보사**
육군대위	51-00001	金貞起	**전사**	연기
육군중위	51-00014	崔二澤	사망	이천
임시중위	GO1077	崔基赫	불명	
육군중위	GO1078	金瑢九	**전사**	제6대대장
육군중위	51-00010	高悌和	예산	고양
육군소위	51-00031	朴萬淳	전사	
일등중사	51-500068	林炳華	사망	서울
이등중사	51-77000024	裵善浩	사망	정선 **(화랑훈장)**
이등중사	미 상	고석휘	**전사**	대원. 정선
이등중사	미 상	김주섭	**전사**	〃 〃
이등중사	미 상	나승교	**전사**	〃 〃
이등중사	미 상	이운철	**전사**	〃 〃
이등중사	미 상	安淳哲	불명	〃
이등상사	51-500022	李長福	사망	정선
이등중사	미 상	千榮植	**전사**	
이등중사	G13182	康昌煥	**전사**	
이등중사	미 상	김병칠	불명	안성
일등중사	51-500059	李貞成	불명	강화
일등중사	51-500058	田載植	불명	
〃 〃	51-500037	李英烈	사망	
이등중사	G13117	**徐仁星**	평양	추가 확인**(화랑)**
이등상사	51-500013	崔鍾敏	사망	원주
일등중사	51-500060	金榮豹	불명	1대3소대장
〃 〃	G13178	辛鎭鎬	사망	6대1소대장
〃 〃	51-500066	朴鍾云	홍천	대원
〃 〃	51-500067	徐聖礎	사망	〃
〃 〃	51-500061	李奉海	불명	대원

28명

2006. 6. 9. 국방부 정보사령부에서 보내 온 결사 11연대
參 戰 將 兵

163+30=193명

군 번	성 명	출 신	군 번	성 명	출 신
G11118	韓 哲 禹	공주	G11357	金 澤 堯	천안
G11279	韓 鎭 錫	수원	G11360	金 昌 玉	천안
G11293	李 輻 來	수원	G11358	韓 永 官	천안
G11134	韓 榮 植	서천	G11361	金 承 河	영등포
G11145	金 相 虎	미상	G11107	金 魯 鉉	안동
G11139	崔 景 男	파주	G11040	邊 壽 燁	서대문
G11144	金 三 哲	공주	G11038	黃 圭 憲	천안
G11142	高 植	충남	G11368	柳 光 烈	천안
	朴 東 旭	미상	G11041	朴 賢 洙	천안
G11346	盧 秉 植	보은	G11370	金 在 黙	부천
G11353	車 炯 泰	서대문	G11043	李 一 衡	부천
G11347	金 錫 鉉	인천	G11045	金 炯 甲	부여
G11349	黃 永 水	창원	G11053	柳 昌 烈	천안
	鄭 烈 模	미상	G11170	李 昌 夏	고양
G11367	高 賢 奎	천안	G11188	金 福 容	고양

-30-

2006. 6. 9. 국방부 정보사령부에서 보내 온 결사 12연대
參 戰 將 兵

53+118=171명

계급	성 명	출신	계급	성 명	출신	계급	성 명	출신
二中	崔 銀 喆	보령	二中	丁 壽 鈺	영월	二中	李 官 雨	부천
二上	金 仁 孫	보령	一中	李 珠 容	옥구	二中	金 文 淳	인천
二中	林 魯 善	연기	一中	朴 寧 鎭	서산	二中	李 洪 泰	의성
一中	朴 東 圭	청양	一中	李 公 雨	서산	二中	姜 鍾 好	경주
一中	禹 錫 洙	달성	二中	金 東 泰	서산	二中	金 任 祥	경주
二上	蔡 武 願	대구	二中	李 龍 洙	군산	二中	崔 永 達	경주
二上	金 錫 泰	경산	二中	金 綵 圭	완주	二中	金 仁 吉	부천
二中	申 榮 基	서산	二中	李 永 昌	완주	二中	梁 成 模	김포

계급	성 명	출신	계급	성 명	출신	계급	성 명	출신
二中	朴鍾雲	대덕	二中	奇中舒	평택	二中	朴泰成	김포
二上	張石權	대전	二中	尹聖洪	영덕	二中	權寧澤	김포
二中	宋寅億	대전	二中	申在均	연기	二中	林龍圭	김포
二中	康斗八	대전	二中	金長培	용인	二中	裴晃植	김포
二上	權五哲	예산	一中	李漢京	완주	二中	崔鍾煥	보령
二中	金精一	영덕	二中	崔基壽	완주	二中	洪祥浩	보령
二中	姜允信	인천	二中	杜炳鎬	완주	二中	崔基讚	보령
二中	宋永植	인천	一中	申泰玉	강원	二中	李義珪	보령
二上	李錫贊	인천	二上	尹用換	충남	二中	奇成鎬	보령
二中	鄭鳳憲	인천	二中	金東高	충남	二中	金龍保	보령
二中	盧基憲	대덕	二中	金學培	용인	二中	金相補	파주
二中	吳永弼	칠곡	二中	許璟九	홍천	二中	李建旭	파주
二上	金斗寬	경주	二中	金福亨	원주	一中	金永鎭	파주
二中	金斗出	경주	二中	咸基元	횡성	二中	朴順一	파주
二中	辛正鉉	경주	一中	鄭河徹	횡성	二中	李鍾晃	수원
二中	尹采杰	경주	二中	安鎬承	양주	二中	李壯煥	양주
二中	金大鳳	경주	二中	崔慶植	양주	二中	朴甲魯	공주
二中	鄭明根	인천	二中	金載榮	양주	一中	鄭喜舜	연백
二中	金有洙	인천	二中	徐炳基	전주	二中	朴悌淳	예산
二中	元容玉	양주	一中	李康萬	완주	一中	權泰彬	용산
二中	張德俊	홍천	二中	崔春鏞	개풍	二中	洪仁範	보령
二中	金根中	양주	二上	羅炁在	군산	一中	元容根	홍천
一中	李徹伊	미상	二中	金基成	군산	二中	張志洪	평택
二中	權淳天	미상	二中	鄭完哲	군산	二中	金永淳	서천
二中	黃厚根	미상	一中	金丙坤	완주	二中	南鍾培	경북
一中	金基山	미상	一中	金鳳山	양주		金諰來	장단
二中	李炳圭	미상	二中	元命植	의정부		金寧熙	경산
二中	咸鳳鎬	미상	二中	李錫瀋	전주		蔡用錫	마포
二中	金榮和	미상	二中	朴聖安	전주		金基宇	공주
二中	許完燮	미상	二中	黃基昌	종로		閔丙佑	
二中	金基敦	미상	二中	廉喆鎬	연백			
二中	朴學珪	미상	二中	吳榮根	연백			

-118-

2006. 6. 9. 국방부 정보사령부에서 보내 온 결사 13연대 參戰將兵

28+63=91명

계급	군번	성명	계급	군번	성명
임시 大尉	GO1076	金正根	二中	G13163	玄赫基
임시 少尉	GO1095	朴紅男	二中	G13167	李賢周
二上	G13044	韓載謙	二中	G13159	金海元
一中	G13042	金炳鎬	二中	G13169	鄭鳳錫
一中	G13036	張敬玕	二中	G13173	姜大雄
一中	G13043	金相麟	二中	G13171	徐豊鎭
二中	G13053	洪成德	임시 少尉	GO1092	金聖奎
二中	G13047	鄭相燮	二上	G13177	金相敦
二中	G13054	李陽夏	一中	G13181	鄭光植
二中	G13055	鄭鎭奎	一中	G13185	柳聖烈
二中	G13057	裵鳳基	二中	G13179	金基海
二上	G13022	金輪山	二中	G13184	柳泰馨
一中	G13027	金雲起	二中	G13180	姜雲善
一中	G13034	鄭仁澈	二中	G13221	崔珠泰
二中	G13035	崔相駿	二中	G13202	李相溶
二中	G13032	金鳳烈	二上	G13183	金益顯
二中	G13033	金榮一	一中	G13201	趙源昌
二中	G13343	朴稚鍾	一中	G13303	都漢八
二上	G13192	李祚岳	一中	G13297	李祐榮
一中	G13165	韓泰元	二中	G13222	丁英鎭
一中	G13166	李建義	二中	G13217	趙泰熙
二中	G13220	元益圭	二中	G13174	許正錫
二上	G13226	姜德順	二上	G13238	崔承燦
一中	G13225	金尙麟	一中	G13243	李漢昌
一中	G13219	徐權植	一中	G13235	金溶福
一中	G13250	李鍾大	一中	G13237	洪性斗
二中	G13232	明永杰	二中	G13240	成相鏞
二中	G13224	朴在浩	二中	G13251	李枝衡
二中	G13247	金壽元	二中	G13245	孫弘基
二中	G13248	吳春錫	二中	G13247	河鎭玉
二中	G13277	李達根	二中	G13246	文英鎭

▮ 전우회 각종 부담금 및 찬조금 누계

(1961.8.~2020.6.1) (단위 : 만원)

성 명	회비 부담	기타	소속	성 명	회비 부담	기타	소속	성 명	회비 부담	기타	소속
全仁植[훈]		4억3,190	⑪	林炳基	[亡]	667	⑫	崔鍾敏	[亡]	548	⑬
權寧哲[훈]	[亡]	4,483	⑪	金宋奎	[亡]	623	⑫	趙炳偰	[亡]	545	⑫
金容弼[훈]		3,854	⑫	全永燾	[亡]	617	⑪	張德淳	[亡]	538	⑪
洪金杓		2,969	⑪	朴用周	[亡]	606	⑫	李南薰	[亡]	485	⑫
林東郁		2,771	⑪	**金亢泰**		590	⑪	尹範容	[亡]	475	⑪
宋世鏞[훈]		2,749	⑫	**金重信**		575	⑪	金壽昌	[亡]	441	⑪
安秉熙[훈]		2,350	⑫	河泰熙	[亡]	486	⑪	柳卓永	[亡]	396	⑪
張之永[훈]		2,040	⑪	金鍾浩	[亡]	469	⑫	張承鉉	[亡]	360	⑪
車周燦		1,779	⑪	李長福	[亡]	412	⑬	崔仁泰[훈]	[亡]	344	⑪
崔潤宇	[亡]	1,690	⑪	高悌和	-	397	⑬	朴鍾云	-	338	⑬
權泰鍾[훈]		1,631	⑪	黃泰圭	[亡]	383	⑪	崔允植	[亡]	321	⑪
金寅泰[훈]	[亡]	1,330	⑪	吳錫賢	-	353	⑪	徐聖礎	[亡]	242	⑬
李永九	[亡]	1,050	⑫	趙詩衡	[亡]	315	⑪	羅明集[훈]	[亡]	222	⑪
李翊宰[훈]	[亡]	1,017	⑫	玄再善	[亡]	290	⑪	曺奎喆	-	205	⑪
朴勝錄	-	921	⑪	扈成振	[亡]	195	⑪	李明海[훈]	[亡]	181	⑪
林炳華	[亡]	893	⑬	柳海權 장군	[亡]	1,608	군	金道中	[亡]	180	⑫
徐仁星[훈]		826	⑬	蔡命新 장군	[亡]	1,050	군	李興昌	[亡]	168	⑪
裵善浩[훈]	[亡]	764	⑬	**朴鍾善** 장군		460	군	姜五馨	[亡]	165	⑪
尹慶俊		705	⑪	**鄭重民** 장군		340	군	金鍾根	[亡]	158	⑪
崔熙哲	[亡]	691	⑪	**李準容** 장군		300	군	吳鳳鐸[훈]	[亡]	151	⑪
李榮珍[훈]	[亡]	670	⑪	申健澈[훈]	[亡]	556	⑪	元吉常	[亡]	151	⑪

무 공 훈 장

육군소령 전인식(全仁植)   1929년생, 경기 파주 출신
1951.1.25 임시육군대위 임관, 군번:51-00008, 백골병단 작전참모

육군대위 (고)현규정(玄奎正) 1926년~1951.3.26전사, 평남 개천 출신
1951.3.26 인제군 기린면 진동지구 전투에서 전사, 대전현충원 장교묘 744 안장

육군대위 (고)윤창규(尹昌圭) 1928년~1951.3.24전사, 충남 예산 출신
1951.1.25 임시육군대위 임관, 군번:GO1007, 제11연대 2대대장

육군중위 김인태(金寅泰)   1928년생, 경기 포천 출신
1951.1.25 임시육군중위임관,군번:51-00012,백골병단 제11연대제 제2대대

육군소위 김용필(金容弼)   1925년생, 경기 파주 출신
1951.1.25 임시육군소위임관,군번:51-00019,백골병단 제12연대 제1대대

육군소위 권태종(權泰鍾)   1929년생, 인천광역시 출신
1951.1.25. 임시육군소위임관, 군번:51-00025, 결사 제11연대 제3대대

육군중사 장지영(張之永)   1930년생, 황해 연백 출신
1951.1.25 육군이등상사, 군번:51-500014, 백골병단 제11연대 제3대대

육군중사 송세용(宋世鏞)   1932년생, 충남 연기 출신
1951.1.25 육군이등상사, 군번:51-500020, 백골병단 제12연대 정찰조장

육군하사 이익재(李翊宰)   1929년생, 경기 평택 출신
1951.1.25 육군일등중사, 군번:51-500045, 결사 제12연대 1대대1중대

육군하사 안병희(安秉熙)   1931년생, 경기 평택 출신
1951.1.25 육군일등중사, 군번:51-500053,백골병단 제12연대제1대대1중대

육군병장 배선호(裵善浩)   1933년생, 강원 정선 출신
1951.1.25 육군이등중사, 군번:51-77000024, 백골병단 제13연대 본부 연락병

육군중위 (고)권영철(權寧哲) 1929년생, 경기 고양 출신
  1951.1.25. 임시육군중위임관, 군번:51-00015, 결사 제11연대 제3대대

육군중위 (고)나명집(羅明集) 1928년생, 충남 서천 출신
  1951.1.25. 임시육군중위임관, 군번:51-00013, 결사 제11연대 제2대대

육군소위 (고)최인태(崔仁泰) 1922년생, 경기 파주 출신
  1951.1.25. 임시육군소위임관, 군번:51-00017, 결사 제11연대 제2대대

육군중사 (고)오봉탁(吳鳳鐸) 1926년생, 경기 안산 출신
  1951.1.25. 육군이등상사, 군번:51-500006, 결사 제11연대 제1대대

육군중사 (고)신건철(申健澈) 1931년생, 경기 시흥 출신
  1951.1.25. 육군이등상사, 군번:51-500017, 결사 제11연대 제1대대

육군하사 (고)이영진(李榮珍) 1928년생, 충남 청양 출신
  1951.1.25. 육군일등중사, 군번:51-500038, 결사 제11연대 제1대대

육군하사 (고)이명해(李明海) 1932년생, 충남 서산 출신
  1951.1.25. 육군일등중사, 군번:51-500062, 결사 제11연대

부록 3

백골병단 관련 화보

1951년 4월 5일 사선을 돌파하고 개선한 유군본부 직할 결사대(빼끌병단) 결사 제11연대 장병 일동 (강릉소재 도립병원 광장에서) (사진제공 대위 전인식)

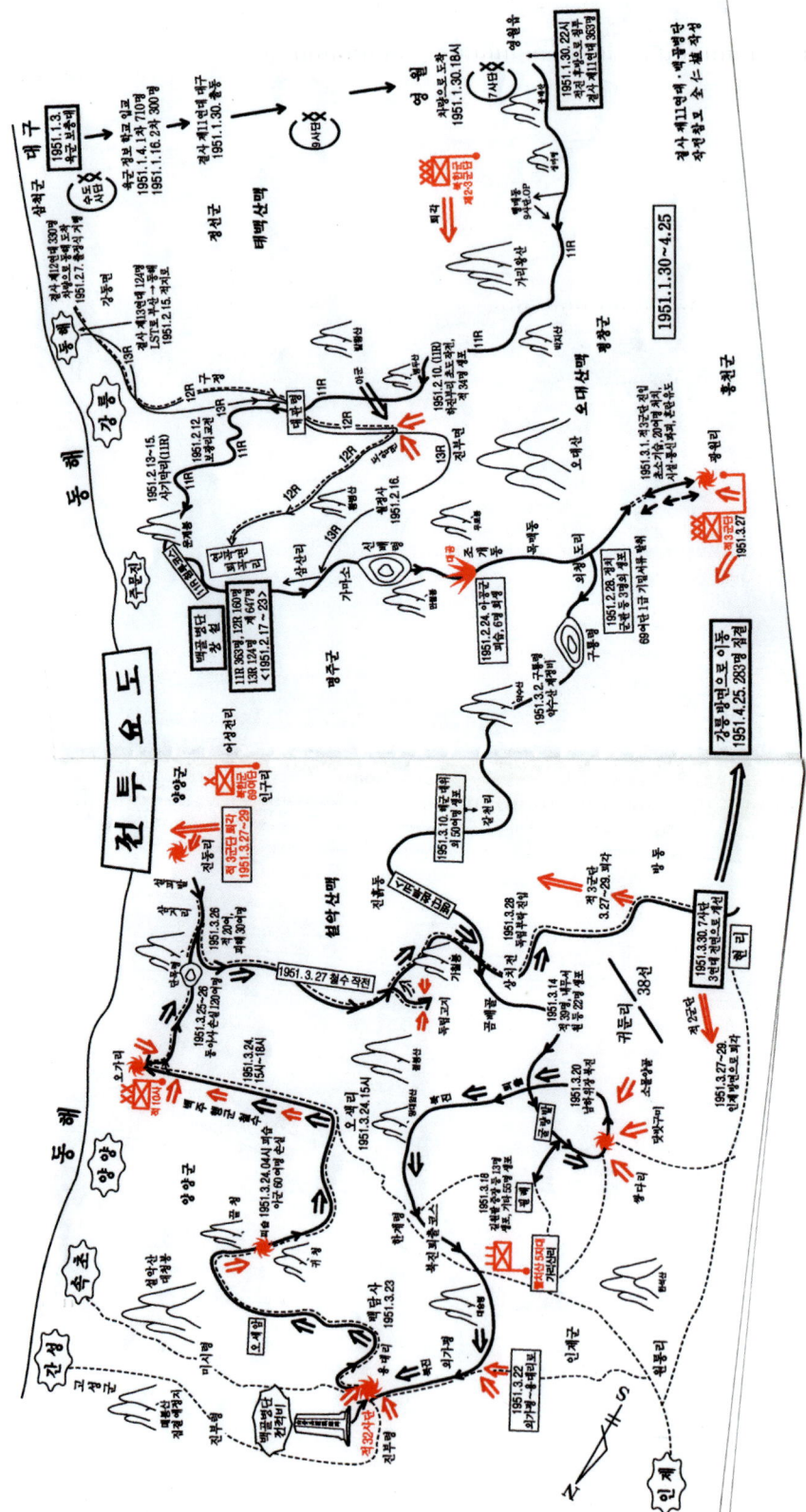

결사 유격 제12연대의 출동

<1951년 2월 7일, 강원도 명주군 강동면 강동지서 앞> 사열관 좌 제1군단장 김백일 장군, 하우스만 중령, 정일권 소장, 뒷편 송요찬 수도사단장, 북한군 복장을 한 장교가 사열관을 맞고 있다.

1951. 2. 7. 적 후방에 침투할 결사 유격 제12연대의 보급 지원을 이극성 중령으로부터 보고받고 있는 정일권 육해공군 총참모장

육군본부 미8군 정보연락 장교단 단장 육군중령 이극성(중앙)을 중심으로 북한군 복장을 한 이두병 임시소령(아래), 장철익 임시대위(다발총) 등이 보인다.
촬영 : 1951. 2. 7.
곳 : 강원도 명주군 강동면 강동리

결사 유격 제12연대의 출동

1951년 2월 7일 강원도 명주군 강동면 지내 최전방에서 육해공군 총참모장 육군소장 정일권은 적 후방지역으로 침투할 결사 유격 제12연대 출동장병 330명을 사열하고, 훈시를 통해 「조국의 자유와 평화를 위해 최후의 1인까지 멸사보국할 것을 강조하고, 귀관들이 임무를 완수하고 돌아오면 2계급 특진과 함께 최고무공훈장을 줄 것이며, 희망하는 부대에 배속하고, 가족은 국가가 보호한다」라고 역설, 장병을 격려하고 있다.

중앙 육해공군 총참모장 정일권 소장, 육군본부 미 8군 정보연락장교단 단장 육군중령 이극성(예비역 준장), 정일권 뒷편, 수도사단장 송요찬, 고문관 하우스만 중령(담배) 등이 보인다.

1951. 2. 7. 적진을 향해 출동할 결사 유격 제12연대 장병 330명의 침투 작전을 격려·지원하기 위해 육해공군 총참모장 육군소장 정일권과 미 군사고문단 하우스만 중령, 제1군단장 김백일 장군, 수도사단장 송요찬 등 지휘부, 그들이 사열할 때, 북한군 복장을 한 장병이 멘 총대에는 태극기가 선명하게 걸려있다.

1951. 3 하순경 아군이 노획한 적의 문서
(빨치산 제5지대에 대한 金日成(김일성) 命令書(명령서))
내용은 다음과 같다.

> (주) 이 문서는 1951. 3월 18日 아 유격대(육군본부 직할 결사대)가 유격 제 5지대장 겸 빨치산 사령관 인민군 중장 吉元八(길원팔)을 생포·노획하여 채명신 중령이 보고한 것이 1951. 4. 11. 제101호에 편철된 것으로 보아, 1951. 4. 7. 육군본부에 보고한 것으로 추정되는 것임.

① 제 5유격지대 편성
 a. 길원팔 부대
 b. 丹城(단성)(DQ0003), 山淸(산청)(CQ9819) 地區(지구)의 慶南部隊(경남부대)
 c. 淸道(청도)(DQ7344) 地區에 獨立遊擊中隊(독립유격중대)
② 第5遊擊支隊長(제5유격지대장) ~ 길원팔 政治部支隊長(정치부지대장) ~ 남경우
③ 활동 구역
 ㄱ. 第1거점 - 淸道 雲門山(운문산) (EQ0042)
 ㄴ. 第2거점 - 智異山(지리산) (CQ8519)
 ㄷ. 第3거점 - 팔요山
 ㄹ. 청도, 울산, 동래, 밀양, 마산, 김해, 단성, 산청지구에서 활동 할 것
④ 전투 임무
 ㄱ. 地雷埋設(지뢰매설), 橋梁破壞(교량파괴)및 釜山(부산)~淸道, 釜山~慶州(경주)(EQ2067) 三浪津(삼랑진)(DQ8525)~馬山(마산)(CP6095) 間의 大道路(대도로) 및 我運輸部隊(아운수부대)에 대한 襲擊(습격)
 ㄴ. 釜山에서 馬山, 大邱(대구), 慶州 間의 鐵道(철도) 鐵橋破壞(철교파괴) 및 軍用列車(군용열차) 襲擊
 ㄷ. 淸道(DQ7344) 삼성현 톤넬破壞 및 後方補給物資(후방보급물자) 燒却(소각) 破壞
 ㄹ. 釜山, 密陽(밀양)(DQ7827), 慶州, 大邱, 淸道, 昌寧(창녕)(DQ5534) 丹城, 山淸, 金海(김해) 等地의 地方行政機關(지방행정기관)의 破壞
 ㅁ. 釜山鎭(부산진) 機關區(기관구), 釜山 西面倉庫(서면창고), 三浪津~馬山 間 洛東江(낙동강) 鐵橋, 龜浦(구포), 金海(DP9098) 間 洛東江鐵橋, 密陽 武器倉庫(무기창고)등의 破壞
 ㅂ. 襲擊組(습격조)를 組織하여 金海, 蔚山(울산) 등의 飛行場破壞(비행장파괴) 釜山, 金海, 蔚山 등의 港灣施設(항만시설) 破壞
 ㅅ. 我軍(아군) 後退時(후퇴시)에는 密陽, 昌寧(DQ5534), 蔚山(EQ2934)을 占領(점령)하고 大道路 分岐點(분기점)에는 埋伏組(매복조)를 潛伏(잠복)시킬것
 ㅇ. 政治工作隊(정치공작대)를 派遣(파견)하여 良民包攝工作(양민포섭공작)의 强化(강화)
 ㅈ. 적의 主力部隊(주력부대)가 南下(남하) 侵入(침입) 接近時(접근시)에는 互相(호상) 配合(배합)하여 第1.2.3(慶北(경북)) 4(全南北(전남북)) 6(各支隊(각지대)와 緊密(긴밀)한 連絡構成(연락구성))
⑤ 各遊擊 支隊長(각유격지대장)은 매일 이차식 無電(무전)으로 戰況(전황) 報告(보고)를 하고 一週日(일주일)에 一次式(일차식) 連絡軍官(연락군관)으로 書面(서면) 綜合報告(종합보고)를 나에게 (金日成) 提出(제출)할 것
⑥ 第5支隊 慶南部隊의 活動 區域(활동 구역)
 ㄱ. 山淸, 丹城, 晋州(진주) 一帶(일대)를 - 第1戰鬪地域(전투지역)을 構成(구성) 據點(거점)은 智異山
 ㄴ. 馬山, 咸安(함안)(DP4798), 宜寧(의령)(DQ8207), 昌原(창원)(DQ6501) - 第2戰鬪地區로 據點 ~ 西北山(서북산)(DP4892)에 두고 山淸, 丹城, 晋州, 馬山, 咸安, 宜寧(DQ3207) 昌原地區에서 活動할 것
⑦ 第5支隊 吉元八 直屬部隊(직속부대)의 活動 區域
 淸道, 密陽, 三浪津一帶~第3戰鬪地域으로 構成
 據點 - 雲門山(EQ0042)
 蔚山, 彦陽(언양)(EQ1235), 南昌(남창)(EP2519), 梁山(양산)(EQ0312)
 - 第4戰鬪地域   據點 - 고련山, 금방山
⑧ 特殊工作隊(특수공작대) 組織派遣(조직파견)에 관하여
 我後方(아후방) 攪亂(교란)및 暴動(폭동) 其他目的(기타목적)으로 第5遊擊支隊는 馬山(CP6095)에 9名, 鎭海(진해)(DP7089)에 9名, 안下里에 3名, 金海(DP9098)에 6名式 各各 特殊工作隊를 潛入(잠입)시킨다 함.

유격대의 51년 당시의 기록

▶ 51년도 전투 정보 보고 (II급 비밀문서 고 에서)

■ 유격 제12연대 귀환병 보고

國軍第1軍團戰區
國軍首都師團 正面

我遊擊 12연대 所屬 歸還兵 報告에 의하면 유천 DS 6669를 向하여 行軍中 E 과 遭遇하여 交戰하였고 五台山 에서는 약 30분간 敵과 交戰하여 1명의 捕虜를 획득하여 我CAV 연대에 引繼하였다 한다. 그후 동연대는 매봉산 DS 6191 부근에서 敵으로 誤認한 我軍에게 射擊를 받았고 조개리 DS 5888 부근에서 我軍飛行機에게 攻擊을 받아 分散되었다 한다.

■ 유격대장의 진술

國軍第3軍團戰區
國軍第7師團 正面

陸軍本部에서 浸透시킨 我遊擊隊長이 3연대장에게 陳述한바에 의하면 我遊擊隊는 3월 24일 頃 雪岳山 DT5318 부근에서 E 약1개 師團과 交戰 하였다고 한다.

■ 유격 제11연대 3중대장의 진술

國軍第3軍團戰區
國軍第7師團 正面

021530 我遊擊 第11聯隊 第1大隊 第3中隊長 陳述에 의하면 雪岳山 DT 5418 에 있는 敵은 中共軍 이 아니고 所屬不明 의 敵 약1개 師團이라고 하였다.

■ 신배령 공습의 공군 보고

국군 제 3군단 제7사단 정면 2월 정보보고서에서 "22~23일 야간에 DS 5633 부근에 약 700명의 적을 보았고, 공군도 DS 5633 부근에서 아침에 적을 목격했다고 한다." 라는 보고가 있다.

■ 구룡령에서 노획한 69여단의 기록

<한국 전쟁사> 4집 제 39장 동부지구 반격작전 p. 638 에 의하면, 「수도사단」 "사단에서 노획된 적 문서에 따르면, 제 69여단 병력은 2월 20일(확인 3. 10) 현재 5,403 명이며, 그 중 군관 536명, 하사관 383명, 전사가 3,550 여 명으로 구성되어 있었다고 한다." 라는 등으로 기술하였는바, 이는 전인식 대위가 생포·노획한 적 69 여단의 전투상보를 수도사단에서 인계받은 기록이 분명하다.

■ 필례지구에서 (吉元八 생포작전)

<한국전쟁 사료 전기정보보고> 56호에 의하면, "국군 3사단 전면에 '장티푸스'가 만연되어 1개 중대에 10명의 환자가 발생하고 있다." 한다. 1951년 4월 7일 채중령이 육군본부에 지참 보고한 것이 한국전 당시의 주요 정보보고서철에 편철된 "정기정보보고" "1951. 4. 11 제101호" 육군정보국 G2 비밀문서 창고에서 발굴한 吉元八에 대한 金日成의 작전 지령문은 별면과 같다.

■ 용대리 최종점에서

<한국전쟁사> 제4집 제39장 동부지구 반격작전 1951년 3월 24일자 정보보고에서 적 제32사단이 함남 덕원부근에서 일선 증원차 남행중이라는 정보로 미루어, 3월 23일 04시 백골병단과의 접전은 인제방면으로 남하 중에 있던 적 32 사단으로 판단된다.

■ 단목령에 집결 중인 북한군

<한국전쟁, 제3사단 18연대 정기정보보고> 제92호 p.984 및 p.1,024에 의하면, "국군 제 3사단 전방에 북괴군 1개 사단이 오색리에 집결하고…" 로 기록되어 있는 것으로 미루어, 이곳에 집결 중에 있던 놈들은 북괴 10사단의 병력으로 추정된다.

■ 상치전 최종점에서

<한국 전쟁사> 정기정보보고 84호 p.864~5 및 86호 p.885, 88호 p.961 등에서 적 2, 3군단 예하 주력부대 모두가 3월 27 일~29일 사이에 현리, 박달재, 서림리(西林里) 방면 등 3방면으로 퇴각한 것이 판명되었다.

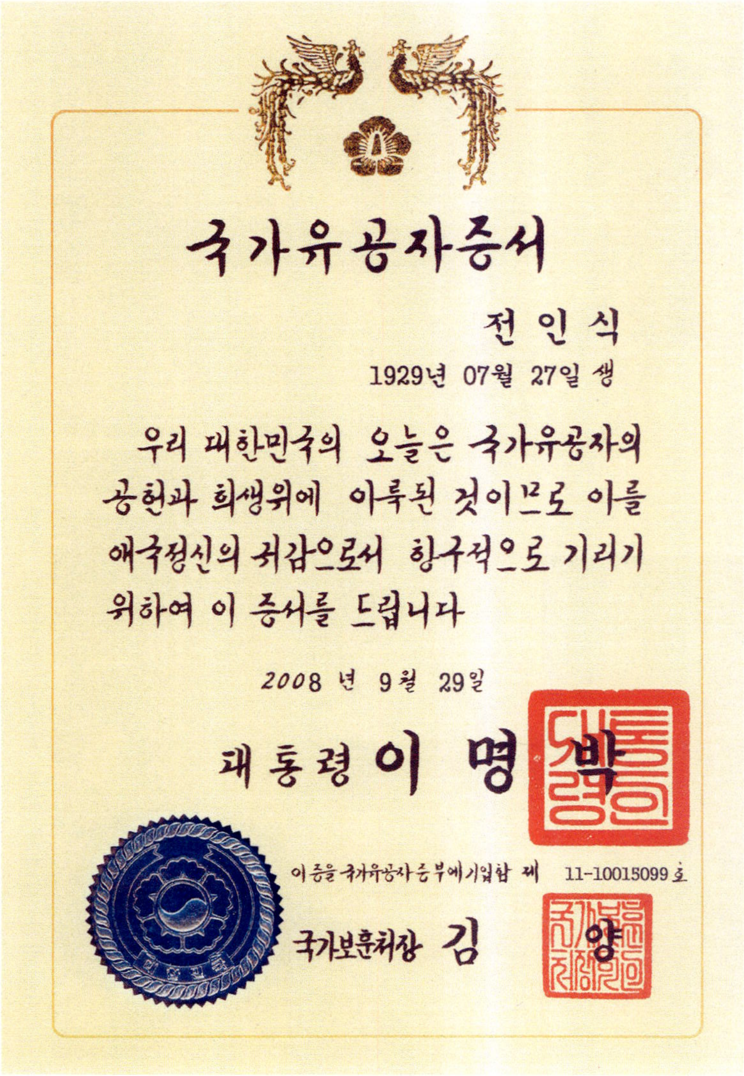

참전유공자증서

전 이 식

귀하는 이 나라와 민족을 수호하기 위하여 6·25 전쟁에 참전하여 헌신 봉사하였으므로 그 명예를 기리기 위하여 이 증서를 드립니다.

1999년 3월 5일

대통령 김 영 삼

국가유공자증서

전 인 식
1929년 07월 27일 생

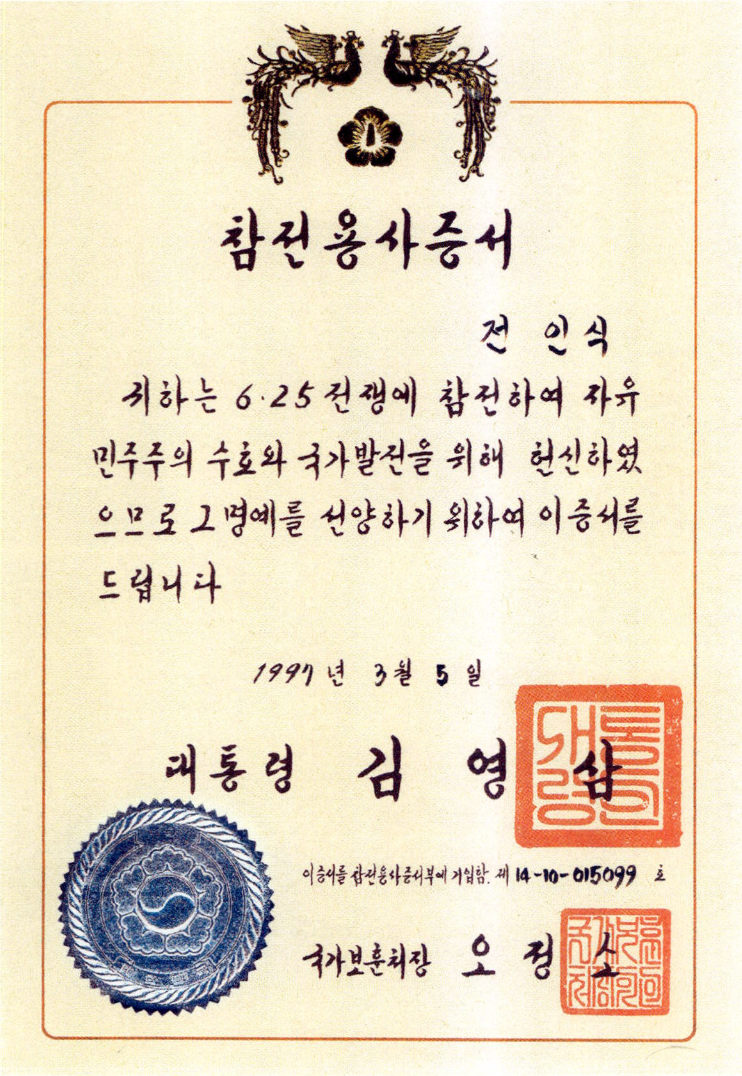

위 사람은 대한민국의 자주독립과 국가 발전에 이바지한 공이 크므로 온 국민의 존경과 애모의 뜻을 담아 이 증서를 드립니다.

2008년 9월 29일

대통령 이 명 박

295

1989. 3. 4. 인제군 북면 용대리 산 250 에서

눈이 70 cm 싸인 험한 산악이었다. 벙커를 주의 깊게 살피는 전인식 참전 전우회장

대형트랙터에 실려온 불도저가 현장에 투입되고 있다.

전적비 건립 위치에 도착한 트레일러와 불도저

눈 속에서 불도저가 지신제를 지낼 자리부터 밀어내고 있다.

지신제를 지내기 위해 제물을 준비하고 있다.

눈 속에 선 전인식 참전 전우회장

1990. 11. 9. 백골병단 전적비 준공식

제막 줄을 당기는 지휘부
및 참배인사들

육군참모총장 이진삼 대장
일행을 영접하다

전적비를 둘러보는 총장과 전인식 회장

전적비를 향해 계단을 오르는 참모총장과
군단장 등 참배객

국기에 대한 경례를 하는 장성들

제막을 끝낸 참배객
전열 좌 우종림 소장(예), 전인식 회장,
이진삼 총장, 채명신 사령관

白骨兵團 戰跡碑는 1951.1.4.부터 1.25 까지 유격특수훈련을 받은 결사유격 제11연대 363명이 1951.1.30. 강원도 영월군 영월읍에서 적 후방으로 침투한 이후 결사유격 제12, 13연대가 강원도 명주군 연곡면 퇴곡리에서 백골병단으로 통합(647명)하고, 1951.4.3~25까지 사이에 개선한 장병 280여명의 염원으로 육군본부의 예산지원과 참전전우회원의 성금 그리고 육군제3군단 공병여단과 육군제703특공연대 장병의 지원으로 건립되었다.
세 뿔은 자유, 평화, 통일을 각 상징하고 결사 제11연대 동 12연대 동 13연대를 주탑 높이 11m (기초포함 16.4m) 공사계획·설계 일체는 전우회장 전인식의 작품으로 공사 감리를 겸했다.
(1990.11.9. 제막된 백골병단 전적비의 위용)   곳 : 강원도 인제군 북면 용대리 산 250-2

백골병단 전적비 비문

碑 文

　서기 1951년 1월 육본특(육)제22호로 편성된 육군본부 직할 결사 제11연대와 제12·13연대 장병 647명을 1951년 2월 20일 육군중령 채명신이 통합 "白骨兵團"을 창설하고, 퇴곡리에서 오대산 북방 중부내륙 청도리 방면으로 진출, 적의 배후를 유린하였다.

　1951년 2월 27일 적69여단 소속 정치군관으로부터 노획한 전투상보·작전배치 상황 등을 아군 수도사단에 속보하여 적을 괴멸시켰고, 광원리 인근 적3군단 지휘소의 습격, 적후방에서 내왕하는 연락장병의 생포·사살 등 적의 후방을 교란하였으며

　1951년 3월 18일 군량밭 지구 "필례"에서 남침준비중이던 "대남 빨치산" 사령관 인민군 중장 길원팔과 참모장 등 고위간부 13명 전원을 생포하므로서 대남 빨치산 지휘부를 전멸시켰다.

　1951년 3월 19일 가리산리에 진출해 있던 적 빨치산 5지대의 대규모 공격을 받은 "백골병단"은 남하를 위장하다가 다시 북상, 대승령 경유, 용대리방면으로 진출하였으나 적의 포위공격으로 부득이 설악산 중청봉을 경유하여 오색리 단목령(일명 박달재) 진동리 방면으로 퇴출, 적의 주저항선을 배후에서 돌파 1951년 3월 30일 인제군 기린면 방동지역으로 철수·개선하였다.

　이 유격특수작전은 적후방지역 320킬로미터를 영하 30^{도}의 혹한을 무릅쓰고, 종횡무진, 적의 지휘통신시설 파괴, 보급로의 차단, 빨치산 지휘부 섬멸, 적 연락장병 등 309명의 생포, 사살 170여명 등 적후방지역을 교란함으로서 아군 작전에 크게 기여하는 전공을 세웠다.

　이 작전기간 중 "조국의 자유와 평화를 수호하기 위하여" 용감하게 싸우다 순국 산화하신 장병의 명복을 빌고, 백골병단 장병이 이룩한 충용의 정신을 후세에 전하고, 귀감으로 삼고자 이 비를 세우다.

비문 : 전인식 짓고 씀

서기 1990년 11월 9일

白骨兵團 參戰 戰友會 會員一同

會 長 : 全仁植,　　副 會 長 : 權寧哲
顧 問 : 예비역 육군중장 채명신

理 事 : 崔允植·申健澈·崔潤宇·安秉熙·申孝均·權一相
監 事 : 崔仁泰 (主塔 揮毫)

6.25 참전용사 증서

1997. 3. 5.에 이르러 정부는 우리들 참전자에게 6.25 참전 유공자의 증서를 (대통령 김영삼·김대중·노무현 명의) 주셨다.

국가유공자 증서

2008년 9월 29일 대한민국 정부로부터 우리들 육군본부 직할 결사대(일명 백골병단) 참전장병 모두는 국가유공자 증서(대통령 이명박 명의)를 받았다.

〈백골병단 참전장병은 모두 국가유공자가 되었다〉

참전개선 36년만에 추모제를

1987년 4월 3일 참전개선 36년만에 양양군 서면 오색리 남쪽 단목령 입구 숲속에서 병풍에 전사자명을 써 붙이고, 추모위령제를 처음으로 거행하였다.

병풍에 전사자명을 써 붙이고 제물을 차려 놓았다.
전사자 321위라고 했으나, 364위가 맞다.

독축을 하는 전인식 회장

일동이 참배하고 있다.

이날 12연대장 임시소령 이두병(우에서 3번째)이 참석했다.
앉아 있는 가운데 전인식 회장

■ 육군대위 (고)현규정 외 2인의 영결식

■ 격전지(단목령) 전우의 유골을 찾아서
(1989. 4.22 ~ 23 인제군 기린면 진동리에서)

1989. 12. 13. 현리 기린병원에서 영결식을

단목령(인제군 기린면 진동리 설피밭 야산에서 유골탐방 개토제에서 전인식 회장의 조사)

1951년 3월 25일 설피밭 퇴출 작전에 투입된 결사 제11연대 제1대대장 현규정 대위 등 30여 명의 장병 중 희생된 유해 3구를 38년만인 1989년 4월 25일 발굴했다. (영결식 1989. 12. 13. 14시)

1989. 4. 26. 유골탐방 개토광경
(현규정 대위, 이하연 소위, 이완상 병장이 이곳에서)

■ 유해 대전 국립묘지 안장

1990년 8월 30일 대전 국립현충원 장교묘역과 사병묘역에 고 현규정 대위와 고 이하연 소위, 고 이완상 병장이 안장되었다.

1993년 11월 18일 대전국립현충원을 예방한 전인식 회장과 권영철 부회장이 고 이완상 병장의 묘소를 참배하고 있다.

1987년 3월 이후 백골병단 참전전우 일동은 동작동 국립현충원을 참배하여 전몰장병과 순국선열을 추모하였다.

백골병단 결사 제11연대 김원배 대위 외 5인의 위패를 전사한 지 49년 6개월만인 2000년 8월 7일 서울 국립현충원에 봉안하고 참전전우 일동이 헌화 분향하였다.

1990. 6. 13. 전적비 건립 기공식을 마치고

1990. 6. 13. 전적비 건립 기공식 광경

1989. 3. 4. 백골병단 전적비 기공식에 투입된 불도저가 눈덮인 산야를 힘차게 기동하고 있다.

1989. 3. 4. 백골병단 전적비 기공식에 앞서 지신제를 준비하다

전적비 기공에 공이 많은 703 특공연대장 류해근 대령에게 감사패를 전달하고 있다.

백골병단의 행사

1989. 6. 24. 육군 특수전사령부를 방문해 사열차에 오른 전인식 회장

특수전사령부를 방문한 특전맨들의 기념촬영

1990. 1. 24. 제1야전군사령관 이진삼대장 초청으로 사령부를 방문한 백골병단 참전전우 일동. 사열차에 오른 전인식 회장과 황인모 장군

1990. 1. 24. 육군 제1야전군사령부(통일대)를 방문한 백골병단 참전전우 회원들

1993. 8. 6. 3군단을 방문한 전인식 회장과 권영철, 류탁영 이사

1994. 6. 24. 부산 육군군수사령부에서 안보특강 후 최경근 사령관과 함께

= 참전 전우회원의 국내외 관광 =

전우회장 전인식이 2002. 9. 4. 중국 동북지방을
탐방하며 두만강에서 북녘을 바라보며

2004. 7. 26 ~ 29일까지 울릉도·독도를 탐방한
참전전우회원 일동의 한 때

베트남 하노이 탐방   = 2005년도 춘계수련회 =

2005. 4. 베트남 하노이 "호치민" 영묘 앞
광장에서

2005. 4. 25 베트남 하롱베이 세계적 자연경관
수상전망대 표석 앞에서

일본 규슈(九州) 한국인 강제 노역장   자유중국(대만) 방문
(2005. 12. 12) (아소탄광)을 찾은 전우회원들   2006. 2. 24 ~ 26(2박3일간)
                                              자유중국(대만)을 찾은 참전전우회원

無名勇士 追慕碑
백골병단 303 무명용사 추모비

2003. 5. 30 무명용사 추모비 건립
2003. 6. 5 무명용사 추모비 제막식 거행
나라의 부름 받고 전장에 나가 싸웠는데, 무명용사가 웬 말인가!!

격전지를 찾아서

〈참전전우 25인 2박 3일〉

〈2004. 11. 29〉 영월·평창·대관령·강릉·삼산리·사기막리·퇴곡리·오색리·용대리까지 320㎞를 탐방하다.

2004. 11. 29. 51년도 적 후방으로 침투한 영월부터 격전지를 탐방

2004. 11. 30. 사천면 사기막리를 다시 찾아

2004. 11. 29. 정선지방 강원랜드에서

2004. 11. 30. 퇴곡리를 찾은 백골병단(창설지) 전우회원

120여명이 아사한 비극의 단목령 입구에서

2004. 11. 30 오색초등학교 앞에서 당시를 설명하다

1988. 4. 3. 단목령(박달재) 입구 아늑한 곳에 병풍에 전사자 명비를 써 붙이고 제례를

2004. 11. 30. 단목령 입구에서 옛날을 설명하다

2004. 12. 1. 용대리 종착지에서 무사귀환 후, 제례를 올리다

종점인 용대리 전적비에서 제례를

= 참전 50주년 기념 추모제 =

2001. 4. 15. 참전·개선 50주년에

▲
2001. 4. 15.
백골병단 참전·개선 50주년
합동추모제 강신 및 초헌례
전인식 회장의 재배, 헌주 광경

■ 2008. 7. 25. 용대백골장학회와 용대리가 공동 주최한 경노잔치

때 : 2008. 7. 25, 장소 : 용대3리, 참석인원 : 180여명
용대백골장학회 : 6,400만원 (육직 결사대 전우회 주관)

용대백골장학회와 지역 용대장학회
합동경노잔치를 지원하는 부녀회장
단과 지역군수 및 경노 노인들

■ 경노 오찬 식장의 모습

◀
경노 행사에
앞서 인사하는
인제군수

경노행사에
앞서
인사하는
전인식
회장

= 울릉도·독도·충남·전남 순례 =

2004. 7. 27. 울릉도, 독도를 탐방한 전우일동

2005. 7. 16. 하계 연수회에 참석한 전우회원들이 전쟁기념관 2층 백골병단 전시물을 탐방하였다.

2006. 7. 27. 충남, 전·남북 지방을 순례한 전우회원들
(이날이 전 회장의 78세 생일이었다)

▶ 2008. 7. 12. 신안군 도초면 갈매리를 탐방한 전우회원들
이날 80세가 되는 7인의 전우

2011. 3. 24. 전우회원 일동이 제주도를 탐방하며

2015. 9. 7. 백마사단에서 참전전우 권태종 소위가 화랑무공훈장을 전수받았다.

충남·전남북 지방 및 백두산 관광

2006年 夏季硏修會 에서 2006. 7. 26~28 충남, 전남북지방 연수

2006. 7. 27. 전남지방 탐방 중 진도에서

2006. 7. 28. 전북 남원 광한루에서

2006. 7. 28. 하계연수회에 참가한 회원들

2006. 7. 27. 전인식(필자)의 생일 축하 회식장면

민족의 영산 백두산을 찾아
〈2007. 4. 29〉

2007년도 춘계 해외연수
고구려·발해 유적지에서

2007. 4. 30. 옛 고구려의 광개토대왕비를 배경으로 한 회원과 가족들
　　　　(광개토대왕비가 뒷면에 보인다)

◀ 2007. 4. 30. 옛 발해국을 탐방
　고분을 배경으로 한 전우회원 들

살신성인
忠 勇 (충용) 碑 = 2006. 6. 5. 건립 제막 =
(고) 尹 昌 圭 대위 (충남 예산) 1928 ~ 1951. 3. 24. 설악산에서 전사
(윤)(창)(규)

2006. 6. 5. (고)윤창규 대위의
충용비 제막 광경

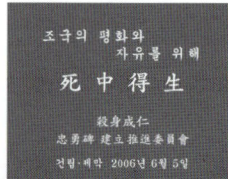

2006. 6. 5. 제1회 충용특공상 수여하는
류해근 예중장(전 특공연대장)

312

용대백골장학회의 장학금 헌성비 제막
2007. 6. 23. 인제군 북면 용대3리

장학금 헌성비 제막 광경

헌성비를 설명하는 전인식 회장

헌성비 제막 후, 인사하는
인제북면 면장 원종문 씨

헌성비 관련 장학회 연혁을
보고하는 차주찬 총무

헌성비를 둘러보는 전우회원들

헌성비 제막후 내빈과 전우회원들의 기념촬영

해외 독립운동 유적지 및 국내 탐방
2009. 1. 18 중국 상해 〔대한민국임시정부 구청사〕(유적지)

2009. 1. 18. 매헌 윤봉길 의사의
의거현장을 찾은 전우회원

윤봉길(尹奉吉) 의사의 "의거비"에서
추모하는 참전전우 일동

중국 곤명·석림에서

2010. 3. 31.~4. 4. 중국 곤명 석림에서

류해근 장군 내외

중국 곤명 석림을 찾은 전우회원의 한 때

2013. 11. 26. 천년의 고도 불국사에서

2013. 11. 25. 진주 촉성문에서

2010. 3. 5. 명예의 전당 현판을 제막하고 있다.

육군본부 내에 설치된 전사자 명예의 전당에 헌액된 명판을 살피는 전인식 회장

명예의 전당을 살펴보고 있는 전우회원들

명예의 전당을 참관하는 전우 일동

전인식의 특전교육단 특강
특전사령부 교육단에 전인식 회장 특전안보 교육하다

2010. 10. 20 전인식 회장 특전사 특전교육단 비정규전 교관단 70여명에게 6.25 당시의 결사대(백골병단) 특전 내용 100분 강의. 동행 차주찬(병장·소령)

육군특수전사령부 특수전 교육단 비정규전 11-1기 교육 기념
강사 : 육본직할 결사대 전우회 회장 전인식과 피교육 장교들!!
中 右 특전교육단장과 함께, 左 강의하는 모습

육군본부는 6.25 참전 59년 만에 이색적인 전역식을 거행하다
= 1951. 4. 15 ~ 2010. 6. 25 =   〈전역자 : 전인식 소령 外 26명〉

전역자 일동의 거수경례

전인식 소령이 인사하고 있다

전인식 소령의 전역식후 경례

전역식 후 인사사령관과 함께

인사사령관과 함께

2010. 6. 25. 전역한 전인식 소령의 인터뷰

2010. 6. 25. 전역식 후 인터뷰하는 전인식 소령

전역자 일동

전인식 소령의 카퍼레이드

전역 축하사열에 오른 전인식 소령의 늠름한 모습

전역자의 카퍼레이드

전인식 소령의 인터뷰

2010. 6. 25.
참전 59년만에 전역한
백골병단 출신
전인식 소령의 사열 및
참전전우의 카퍼레이드

전역식 후 오찬장에서 인사하는 전인식 소령

전역식 후 오찬장의 모습

전역식 후의 카퍼레이드

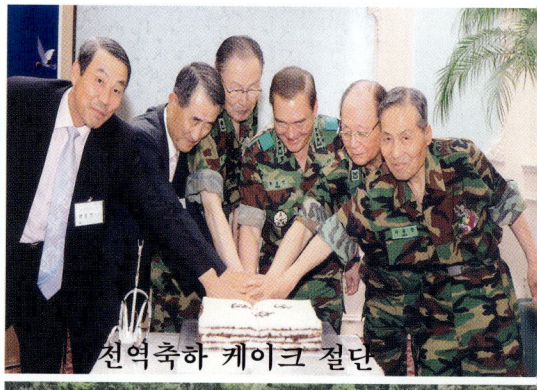
전역축하 케이크 절단

전인식 소령의 가족들

전인식 소령의 가족들

전인식 소령의 가족과 함께

전역식을 마치고 귀환하다

전쟁기념관 전사자 명비에 육직결사대 전몰장병
2011. 4. 7. 동쪽 육군 직할대에 60인 헌액

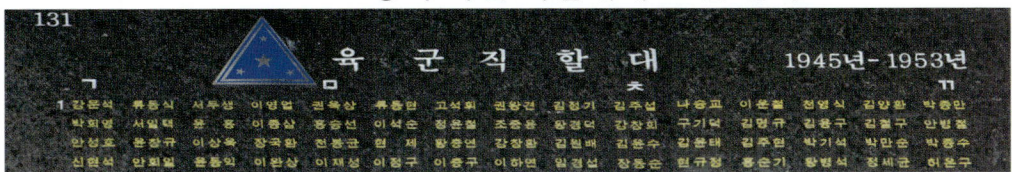

추모의 벽 광경 / 헌화하는 전인식 회장

추모실 광경

추모 헌화하는 장군

추모비에 현각 완성 후 경례

추모비에 묵념하고 있다

명비 현각 후 경례

추모비에 묵념하고 있다

추모비에 대한 경례

육군소령 전 인 식 (全仁植)

- 1929. 7. 생   경기도 파주 탄현
- 1951. 1. 25.   육군정보학교 수료, 임시 육군대위 임관
- 1951. 1. 28.   육군본부 직할 결사 제11연대 작전참모 피명
- 1951. 2. 10.   평창군 진부면 하진부리 적 34명 생포, 작전 지휘
- 1951. 2. 26.   홍천군 내 구룡령 차단, 69여단의 I급 기밀서류 노획, 아군에게 전달, 적 괴멸 기여
- 1951. 3. 14.   인제군 귀둔리 38선 돌파 작전 지휘, 적 장병 39명 생포
- 1951. 3. 24.   오색리 - 단목령 입구까지 백주 행군 선봉에서 지휘
- 1951. 3. 26.   독립고지 점령 적 지휘부(5명) 폭파 지휘
- 1951. 4. 28.   소령 진급, 미8군 기동부대 작전처장 수행
- 1951. 6. 6.   통천군 내 두백리 상륙, 적 포대 2 파괴, 교량 파괴 및 양민 300여명 주문진으로 후송 (자유 찾아 줌)
- 1951. 6. 28.   미8군 예하 기동부대에서 제대(귀향)
- 2012. 6. 25.   정부 육군소령 전인식 **충무무공훈장** 수여

2012. 6. 25. 백마사단장 김용우 소장으로부터 충무무공훈장을 전수받는 전인식 소령

충무무공훈장을 수상한 전인식 전우회장이 인사말을 하고 있다.

수상자의 축하 사열 등

2015. 9. 7. 권태종 소위가 화랑무공훈장을 수훈하고 기념 촬영

2012. 6. 25. 충무무공훈장 수상 후

축사하는 김용우 사단장

2012. 6. 25. 무공훈장을 수상한 수훈자들이 경례하고 있다.

703 특공연대 축하객들

축하 사열을 하는 수상자들

축하하는 가족과 류해근 예비역 중장 내외

축하 오찬 광경

전인식 회장의 가족 일동과 모교인 문산중·제일고등학교 학생들과 함께

가족과 함께

= 저 자 약력 =

1950. 7. 15	적 치하 탄현 반공결사대원으로 무장 활동(칼빈총)
1951. 1. 25	육군 임시 보병 대위 임관
1951. 4. 28	육군 소령 진급, 미8군 기동부대 커크랜드 작전처장
1961. 8. 23	유격군 참전 전우회 발기 이후 현재까지 전우회 회장 활동
1962. 3. 29	고등전형시험 합격, 감찰위 조사관 · 감사원 감사관
1969. 5. 31	實用 建設工事의 設計標準과 檢査 (3판) 발행
1970. 4. 18	대학 토목공학과 조교수 자격 취득 (문교부 교수자격 인정)
1972. 5. 16	建設工事 標準品셈 初版 發行 (제50판 발행)
1972. 8. 19	대학 부교수 자격 취득 (문교부 교수자격 인정)
1981. 5. 6	『나와 6 · 25』 = 적 후방 300리의 혈투 = 발간 (비매품)
1986. 6. 26	『못다핀 젊은 꽃』 3 판 (3부작 **박달령의 침묵, 이 한몸 다 바쳐, 백년전우** 등 다큐멘터리 영화 제작)
1990. 11. 9	백골병단 전적비 준공식 거행 (위치선정, 설계, 감리, 헌금)
2004. 3. 22	법률 7,200호 공포 기여, 대통령령 18583호 공포 기여
2010. 3. 5	육군본부 내 명예의 전당에 전사자 60인 헌양식 거행 기여
2010. 6. 25	육군본부 연병장에서 참전 59년 만에 전역식 거행 기여
2011. 4. 7	전쟁기념관 전사자 추모비에 백골병단 60인 헌액 기여
2012. 6. 25	육군소령 전인식 충무무공훈장 수상
2019. 9. 27	백골병단과 나의 90년 인생<38권째>
2020. 7. 10	참전 전우 일지<39권째>
2021. 1. 30	참전 전우 일지<증보판>

= 6 · 25 참전 70주년을 맞아 =
참전 전우 일지
<이만오천삼백육십구일간>

2020년 6월 30일 인쇄
2020년 7월 10일 발행 값 10,000 원
2021년 1월 30일 증보

편   저 : 吾牛 전 인 식
출판 대행 : (주) 건설연구사
    육군본부 직할 결사대 전우회

발 행 소 : 서울특별시 마포구 잔다리로 77, 601호 <서교동 대창빌딩>
    TEL : (02) 325-4896, (02) 324-4996, 전송 : (02) 338-1153
홈페이지 : http://www.beackgol.co.kr
E - mail : kunseol @ chol.com
등   록 : 2000년 6월 19일 제 10-1988 호 (1972. 4. 18 창립)

※ 파본이나 낙장이 있는 책은 출판대행사에서 교환해 드립니다.
    ISBN 978-89-7307-733-5